《公路水运工程项目生产安全事故应急预案编制要求》解读

吴忠广　陈宗伟　李新明　等　编著

人民交通出版社股份有限公司

北　京

内 容 提 要

本书内容主要包括《公路水运工程项目生产安全事故应急预案编制要求》(JT/T 1405—2022)标准内容解释、应急预案编写操作示例等,阐述了标准编制背景、思路以及应急管理体系建设调研情况,介绍了公路水运工程项目生产安全事故应急预案编制智能辅助系统,以帮助广大读者准确把握标准定位、深入理解标准内容,更好地促进标准落地实施。

本书可供公路水运工程项目建设单位、施工单位和监理单位的管理人员、工程技术人员使用,也可作为科研院校、咨询设计单位等从业人员的参考资料。

图书在版编目(CIP)数据

《公路水运工程项目生产安全事故应急预案编制要求》解读 / 吴忠广等编著. — 北京 : 人民交通出版社股份有限公司, 2022.6

ISBN 978-7-114-17970-9

Ⅰ.①公… Ⅱ.①吴… Ⅲ.①道路施工—安全事故—事故预防②航道工程—安全事故—事故预防 Ⅳ.①U415.12②U615.1

中国版本图书馆 CIP 数据核字(2022)第 088373 号

书　　名:《公路水运工程项目生产安全事故应急预案编制要求》解读
著 作 者:吴忠广　陈宗伟　李新明　等
责任编辑:潘艳霞　朱伟康　刘　彤
责任校对:刘　芹
责任印制:刘高彤
出版发行:人民交通出版社股份有限公司
地　　址:(100011)北京市朝阳区安定门外外馆斜街 3 号
网　　址:http://www.ccpcl.com.cn
销售电话:(010)59757973
总 经 销:人民交通出版社股份有限公司发行部
经　　销:各地新华书店
印　　刷:北京市密东印刷有限公司
开　　本:720 × 960　1/16
印　　张:8
字　　数:144 千
版　　次:2022 年 6 月　第 1 版
印　　次:2022 年 6 月　第 1 次印刷
书　　号:ISBN 978-7-114-17970-9
定　　价:50.00 元

本书编制组

主　　任：吴忠广　陈宗伟　李新明

副主任：陈　景　李　娟　王　冀

编写人员：孙晓军　吕树胜　张　卓　陶云川　种鹏云
牛彦峰　吴　博　梁　斌　谢　静　蒋　强
高明生　杨黔江　孟续峰　吴二明　吴东亮
何远义　马海峰　马文宁　吴壮佳　朱亚德
桂　磊　葛勇良　赵　凯　谢梦罗　汪　洋
杜　松　严海宁

统稿人员：吴忠广　李　娟　王　冀　种鹏云　梁　斌
张　卓　吕树胜

前　言

国家和行业高度重视公路水运工程应急管理工作，新发布的一系列法律法规及规章制度都对应急预案编制工作提出了新的更高要求。然而，在公路水运工程项目层面缺乏指导应急预案编制的标准规范，造成应急预案在生产安全事故应对过程中发挥的效用并不理想，应急工作在很大程度上还是依靠临时的协调工作来保障，而《生产经营单位生产安全事故应急预案编制导则》(GB/T 29639—2020)适用对象为生产经营单位，不适用于公路水运工程项目。因此，为解决公路水运工程项目应急预案编制中存在的突出问题，更好地指导公路水运工程项目生产安全事故应急预案的编制，交通运输部批准发布了行业标准《公路水运工程项目生产安全事故应急预案编制要求》(JT/T 1405—2022)(以下简称标准)。

为配合标准的宣贯，帮助广大读者准确把握标准定位、深入理解标准内容，更好地促进标准落地实施，交通运输部科学研究院组织浙江省交通工程管理中心、山西交通控股集团有限公司等标准参编单位主要人员共同完成本书的编写工作。

本书主要分为两篇，第一篇为标准内容解释，通过条文解读和编制示例的方式，深入阐述了标准内容的来源依据，对标准条款内容的概念定义、适用对象、要素内容等进行了补充说明，有助于读者加强对标准内容的理解。第二篇为应急预案编写操作示例，以突出实用性和操作性为原则，选取国内公路水运领域典型的项目综合应急预案、合同段施工专项应急预案和现场处置方案(含应急处置卡)作为示例，直观体现不同类型应急预案的主要内容及相互区别，便于预案编制人员参照实施。附件1阐述了标准编制背景、定位作用，附件2介绍了课题组承担的《公路水运工程应急管理体系调研报告》主要内容，附件3介绍了公路水运工程项目生产安全事故应急预案编制智能辅助系统。此外，为方便预案编制工作，基于标准主要内容，编制组开发了公路水运工程项目生产安全事故应急预案编制智能辅助系统，旨在帮助指引编制人员合理按照标准内容进行预案编制，实现了预案标准条款解读、文本对照编制、系统自动生成等功能。

本书编制组以实地调研、座谈研讨、专家咨询等多种形式，广泛吸取国内不同省份、项目应急预案编制与实施经验，数易其稿。但是鉴于行业技术水平的快速发展，以及编制组能力所限，本书中难免有不足和疏漏之处，欢迎广大读者提出宝贵意见。

本书编制组

2022年4月

目　　录

第1篇　标准内容解释

第2篇 应急预案编写操作示例

附 件

第 1 篇　标准内容解释

1　范围

本文件规定了公路水运工程项目生产安全事故应急预案的体系和项目综合应急预案、合同段施工专项应急预案、现场处置方案的编制要求。

本文件适用于公路水运工程新建、改建、扩建项目的生产安全事故应急预案的编制。

【解读】　本条根据《标准化工作导则　第 1 部分:标准化文件的结构和起草规则》(GB/T 1.1—2020)从标准内容框架要素与适用范围进行规定。

2　规范性引用文件

下列文件中的内容通过文中的规范性引用而构成本文件必不可少的条款。其中,注日期的引用文件,仅该日期对应的版本适用于本文件;不注日期的引用文件,其最新版本(包括所有的修改单)适用于本文件。

GB/T 29639—2020　生产经营单位生产安全事故应急预案编制导则

AQ/T 9007　生产安全事故应急演练基本规范

AQ/T 9011　生产经营单位生产安全事故应急预案评估指南

JT/T 1375.1　公路水运工程施工安全风险评估指南　第 1 部分:总体要求

【解读】　本标准按照《标准化工作导则　第 1 部分:标准化文件的结构和起草规则》(GB/T 1.1—2020)要求,将直接引用的标准规范列入本章要求,将参考的《中华人民共和国安全生产法》(2021 年 6 月 10 日　中华人民共和国主席令第 88 号)、《生产安全事故应急预案管理办法》(2019 年 6 月 24 日　中华人民共和国应急管理部令第 2 号)、《公路水运工程安全生产监督管理办法》(交通运输部令 2017 年第 25 号)等法律法规、规章制度与其他相关标准列入参考文献。

3　术语和定义

3.1　应急预案　emergency response plan

针对公路水运工程项目可能发生的生产安全事故,为最大程度减少事故损害而预先制定的应急准备工作方案。

[来源:GB/T 29693—2020,3.1,有修改]

【解读】 该定义改写自《生产经营单位生产安全事故应急预案编制导则》(GB/T 29693—2020)中第3.1条的定义,突出了公路水运工程的特点,针对性更强。

《生产经营单位生产安全事故应急预案编制导则》(GB/T 29693—2020)第3.1条将应急预案定义为"针对可能发生的事故,为最大程度减少事故损害而预先制定的应急准备工作方案"。

3.2 风险事件 risk event

导致公路水运工程项目发生人员伤亡、经济损失、环境影响、社会影响与工期延误等不利后果的事件。

注:风险事件可以包括没有发生的情形,有时称为"事故"。

[来源:GB/T 23694—2013,4.5.1.3,有修改]

【解读】 该定义的提出参考了《风险管理术语》(GB/T 23694—2013)第4.5.1.3条事件的定义,并对其进行了改写,使其符合公路水运工程施工特点。

《风险管理术语》(GB/T 23694—2013)第4.5.1.3条将事件定义为"某一类情形的发生或变化"。

3.3 应急响应 emergency response

针对事故险情或事故,依据应急预案采取的应急行动。

[来源:GB/T 29639—2020,3.2]

【解读】 该定义引用了《生产经营单位生产安全事故应急预案编制导则》(GB/T 29693—2020)的定义。

《生产经营单位生产安全事故应急预案编制导则》(GB/T 29693—2020)第3.2条将应急响应定义为"针对事故险情或事故,依据应急预案采取的应急行动"。

3.4 应急处置 emergency disposal

针对施工过程中工程部位或作业环节产生的险情或事故,采取的紧急处理措施或行动。

【解读】 对施工过程中某一个或几个工程部位或作业环节可能产生的事故或险情采取的紧急处理和善后安置措施或行动。

3.5　应急资源　emergency resource

为做好生产安全事故或险情应急处置工作、消除或减轻事故后果，所需要的人力、物资、装备、设施、资金等各类资源的总和。

【解读】 公路水运工程应急资源一般包括应急专家库、应急救援队伍、应急救援物资装备和应急技术等的储备。

3.6　应急演练　emergency exercise

针对可能发生的事故情景，依据应急预案而开展模拟的应急准备活动。

[来源：GB/T 29639—2020，3.3]

【解读】 该定义引用了《生产经营单位生产安全事故应急预案编制导则》(GB/T 29639—2020)第 3.3 条的定义。应急演练按照演练内容分为综合演练和单项演练，按照演练形式分为实战演练和桌面演练，按目的与作用分为检验性演练、示范性演练和研究性演练，不同类型的演练可组合进行。

《生产经营单位生产安全事故应急预案编制导则》(GB/T 29693—2020)第 3.3 条将应急演练定义为"针对事故险情或事故，依据应急预案模拟开展的应急活动"。

4　应急预案体系

4.1　公路水运工程项目生产安全事故应急预案体系一般由项目综合应急预案、合同段施工专项应急预案与现场处置方案组成。建设单位应组织项目参建单位，根据项目组织管理体系、建设规模和风险特点等科学合理确定公路水运工程项目应急预案体系。

【解读】 本条是关于公路水运工程项目生产安全事故应急预案体系组成的规定。根据《公路水运工程安全生产监督管理办法》第二十五条和《公路水运工程生产安全事故应急预案》(交应急发〔2017〕135号)第1.6条修订。

《公路水运工程安全生产监督管理办法》第二十五条规定:"建设、施工等单位应当针对工程项目特点和风险评估情况分别制定项目综合应急预案、合同段施工专项应急预案和现场处置方案,告知相关人员紧急避险措施,并定期组织演练。"

《公路水运工程生产安全事故应急预案》第1.6条规定:"按照本预案和地方预案的总体要求,建设单位根据建设条件、自然环境、工程特点和风险特征等,制定项目综合应急预案;施工单位根据项目综合应急预案,结合施工工艺、地质、水文和气候等实际情况,对危险性较大的分部分项工程和风险等级较高的作业活动,编制合同段施工专项应急预案或现场处置方案。"

示例——

××高速公路工程生产安全事故应急预案体系示例见图1-4-1。

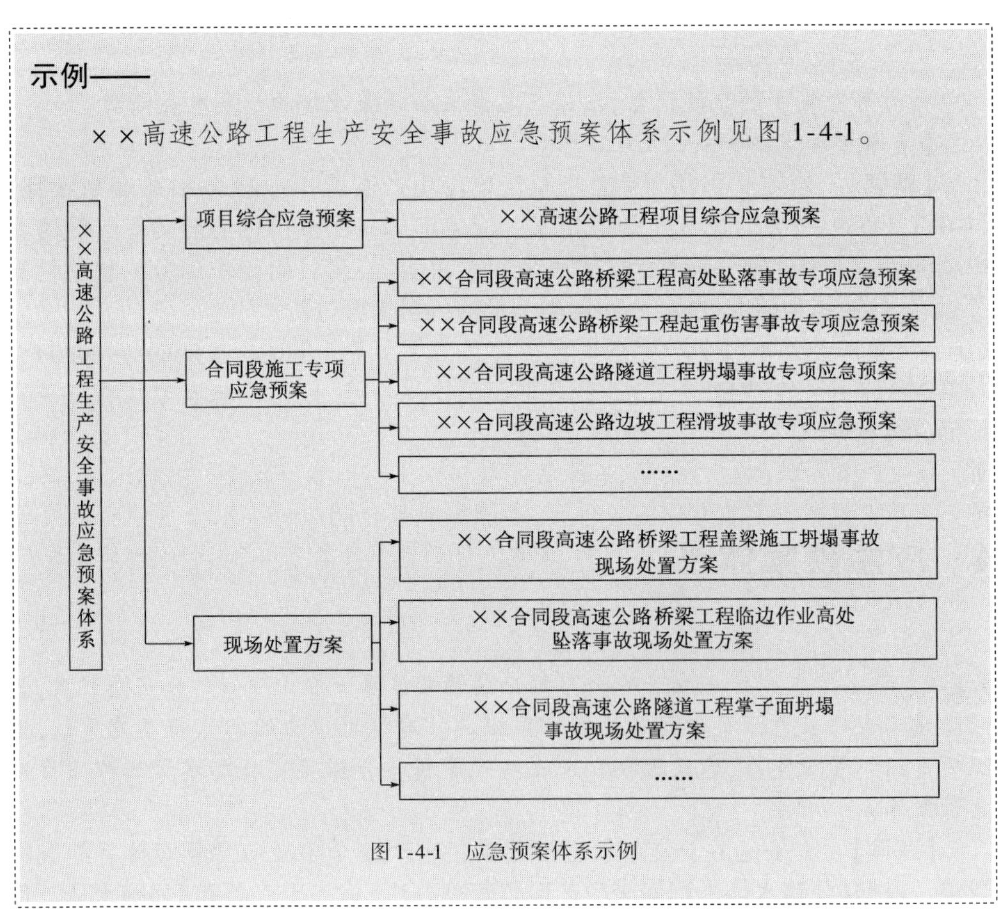

图1-4-1 应急预案体系示例

4.2 项目综合应急预案是建设单位为应对项目可能发生的各种生产安全事故而制定的总体工作方案，应从总体上阐述项目应急领导机构、预警预防、应急联动、现场救援、应急资源调配等要求。

【解读】 本条明确了项目综合应急预案的定位及作用，应突出"总体方案"，侧重组织机构与资源调配。建设单位是项目综合应急预案的编制主体，负责组织编制工作。根据《生产安全事故应急预案管理办法》第六条修订。对于施工合同段综合应急预案，由施工单位根据各合同段实际情况决定是否编制，具体可参照项目综合应急预案编制要求执行。

> 《生产安全事故应急预案管理办法》第六条规定："综合应急预案，是指生产经营单位为应对各种生产安全事故而制定的综合性工作方案，是本单位应对生产安全事故的总体工作程序、措施和应急预案体系的总纲。"

4.3 合同段施工专项应急预案是施工单位为应对单位工程、分部分项工程施工中某一种或者多种类型的生产安全事故而制定的专项应对方案，重点规范应急组织机构以及应急救援处置程序和措施。

【解读】 本条明确了合同段施工专项应急预案的定位、对象及作用，规定了合同段施工专项应急预案"哪些编"的问题。合同段施工专项应急预案应突出"专业应对"，侧重响应程序与处置措施。施工单位是合同段施工专项应急预案的编制主体，负责组织编制工作。合同段施工专项应急预案的编制对象是单位工程、分部分项工程施工中某一种或者多种类型的生产安全事故，由于不同类型的单位工程与分部分项工程生产安全事故特点不同，应急救援处置的程序和措施差异很大，合同段施工专项应急预案不能简单合并编制，应针对同类型的单位工程与分部分项工程生产安全事故进行编制，如某合同段桥梁工程坍塌事故专项应急预案、某合同段隧道工程坍塌事故专项应急预案，不能编成某合同段桥梁工程专项应急预案或某合同段坍塌事故专项应急预案，前者未明确事故类型，后者未明确单位工程与分部分项工程。根据《公路水运工程安全生产监督管理办法》第三十五条修订。

> 《公路水运工程安全生产监督管理办法》第三十五条对施单位规定："组织制定本合同段施工专项应急预案和现场处置方案，并定期组织演练。"

4.4 现场处置方案是施工单位根据不同生产安全事故类型，针对具体部位、作业环节和设施设备等制定的应急处置措施，重点分析风险事件，规范应急工作职责、处置措施和注意事项，应突出班组自救互救与先期处置的特点。

【解读】 本条明确了现场处置方案的定位及作用，应突出"具体应对"，侧重详细的处置步骤和方法。施工单位是现场处置方案的编制主体，负责组织编制工作。现场处置方案是对合同段施工专项应急预案的补充和细化，其编制对象是在具体部位、作业环节和设施设备等可能发生的生产安全事故，应强调工程部位或设施设备具体、作业环节明确，如某合同段桥梁工程盖梁施工坍塌现场处置方案、某合同段隧道工程掌子面坍塌事故现场处置方案。现场处置方案同样也不能简单合并编制，不能编成某合同段桥梁工程现场处置方案或某合同段坍塌事故现场处置方案，前者未明确具体部位与事故类型，后者未明确具体部位或环节。根据《生产安全事故应急预案管理办法》第十五条进行修订。

《生产安全事故应急预案管理办法》第十五条规定："对于危险性较大的场所、装置或者设施，生产经营单位应当编制现场处置方案。

现场处置方案应当规定应急工作职责、应急处置措施和注意事项等内容。

事故风险单一、危险性小的生产经营单位，可以只编制现场处置方案。"

4.5　对危险性较大工程与 JT/T 1375.1 确定的风险等级较大及以上作业活动，应组织编制合同段施工专项应急预案与现场处置方案。对风险等级较小及以下作业活动的合同段，可只编制现场处置方案。

【解读】　本条规定了合同段施工专项应急预案和现场处置方案的编制范围，解决了"编哪些"的问题。哪些工程或者环节需要编制合同段施工专项应急预案与现场处置方案是一直困扰现场施工和管理人员的难题，本条款明确指出了两者需要编制的范围，即危险性较大工程与 JT/T 1375 确定的风险等级较大及以上作业活动，其中，危险性较大工程可参考《公路工程施工安全技术规范》(JTG F90—2015)与《水运工程施工安全防护技术规范》(JTS 205-1—2008)的相关要求；风险等级较大及以上作业活动是根据现行《公路水运工程施工安全风险评估指南》(JT/T 1375)系列标准得到的评估结果，本条款将风险评估要求与应急预案编制要求进行了有效衔接。同时，为减轻项目负担，充分发挥应急预案的指导性作用，对于风险评估结果为风险等级较小及以下作业活动的合同段，可只编制现场处置方案，不必再编制合同段施工专项应急预案。根据《生产安全事故应急预案管理办法》第十五条修订。

《生产安全事故应急预案管理办法》第十五条规定："对于危险性较大的场所、装置或者设施，生产经营单位应当编制现场处置方案。

现场处置方案应当规定应急工作职责、应急处置措施和注意事项等内容。

事故风险单一、危险性小的生产经营单位，可以只编制现场处置方案。"

4.6 在合同段施工专项应急预案或现场处置方案的基础上,施工单位宜针对工作岗位特点编制应急处置卡。

【解读】 本条明确了应急处置卡的定位,是合同段施工专项应急预案或现场处置方案的简化展现形式,不是项目应急预案体系的必备要素,施工单位可结合实际情况自行决定是否编制。近年来,由于应急处置卡内容简单、使用方便,越来越多的单位鼓励或者要求编制应急处置卡,以有效指导班组人员应急处置工作。

综上,各类应急预案定位与作用见图1-4-2。

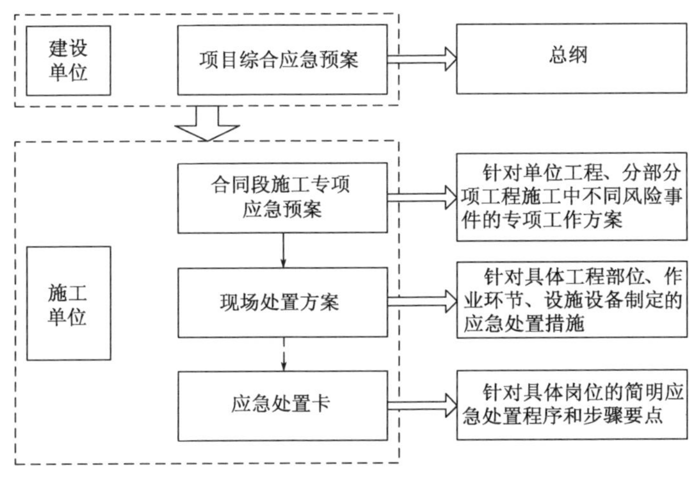

图1-4-2 应急预案体系结构图

4.7 项目综合应急预案、合同段施工专项应急预案和现场处置方案之间应相互衔接,项目综合应急预案还应与本单位的上级部门、项目属地负有安全生产监督管理职责的交通运输管理部门和应急管理部门等相关单位的应急预案相衔接,合同段施工专项应急预案应与本企业的应急预案相衔接。不同应急预案衔接内容主要包括:

a) 应急救援领导组织机构和工作机构的协同机制、执行程序等;

b) 应急预案内部和外部信息报告(程序、方式、时限)、信息共享及信息研判机制等;

c) 应急救援队伍、应急救援物资装备等调度机制。

【解读】 本条规定了各类型应急预案之间的衔接对象与内容要求。应急预案间的衔接可以有效避免各类应急预案内容间相互冲突、矛盾,按照衔接对象不同,可以分为对内衔接与对外衔接。其中,对内衔接是指与本单位的上级部门应急预案的衔接,对外衔接是指与项目属地负有安全生产监督管理职责的交通运输管理部门和应急管理部门等相关单位的应急预案相衔接。根据《生产安全事故应急预案管理办法》第十二条修订。

《生产安全事故应急预案管理办法》第十二条规定:"生产经营单位应当根据有关法律、法规、规章和相关标准,结合本单位组织管理体系、生产规模和可能发生的事故特点,与相关预案保持衔接,确立本单位的应急预案体系,编制相应的应急预案,并体现自救互救和先期处置等特点。"

5 应急预案编制步骤

5.1 编制工作小组成立

5.1.1 应急预案编制应成立编制工作小组,编制工作小组应由项目或合同段主要负责人牵头,生产负责人、安全负责人和技术负责人参与,由安全、工程技术、船机、物资、财务、计划合同等相关部门人员组成。

【解读】 本条是关于成立应急预案编制工作小组的相关要求,明确了小组牵头人及具体组成人员。将生产、技术及安全负责人,以及项目各部门人员纳入编制工作小组,充分体现了全员安全生产责任制的要求。依据《生产安全事故应急预案管理办法》第九条修订。

《生产安全事故应急预案管理办法》第九条规定:"编制应急预案应当成立编制工作小组,由本单位有关负责人任组长,吸收与应急预案有关的职能部门和单位的人员,以及有现场处置经验的人员参加。"

5.1.2 项目综合应急预案编制工作小组可邀请施工、监理等参建单位代表参加,合同段施工专项应急预案和现场处置方案编制工作小组可邀请现场经验丰富的班组代表参加。编制工作小组还可邀请外部相关专家参加。

【解读】 本条是关于项目综合应急预案编制工作小组人员组成的规定,突出了现场经验丰富的班组人员和相关专家的作用,使得预案更具操作性。依据《生产安全事故应急预案管理办法》第九条修订。

《生产安全事故应急预案管理办法》第九条规定:"编制应急预案应当成立编制工作小组,由本单位有关负责人任组长,吸收与应急预案有关的职能部门和单位的人员,以及有现场处置经验的人员参加。”

5.2　资料收集

编制工作小组应安排专人负责资料的收集,资料应包含但不限于以下方面的内容:

a)　相关的法律法规、部门规章、地方规章、标准规范;

b)　上级单位及其他相关单位的应急预案等;

c)　项目所在地医院、交通、公安、消防、通信、高危行业企业与人员密集场所、乡镇街道、应急管理等单位联络方式等信息;

d)　项目区域气象、水文、地质等自然环境和管线、交通、建(构)筑物等周边环境信息;

e)　施工安全风险评估报告、施工组织设计等项目资料及自有机械设备等应急资源信息;

f)　本单位历史事故、相邻或相似工程施工事故及国内外类似项目典型事故案例。

【解读】　本条是关于应急预案编制前资料搜集工作的相关规定,详细列举了预案编制前需要收集的基本资料,明确了预案编制应当了解的基本内容,规避当前预案编制工作中存在的预案衔接不到位、应急资源调查不详细、应急处置措施针对性差等一些常见问题。依据《生产经营单位生产安全事故应急预案编制导则》(GB/T 29639—2020)第4.3条修订。

《生产经营单位生产安全事故应急预案编制导则》(GB/T 29639—2020)第4.3条规定:“应急预案编制工作组应收集下列相关资料:a)适用的法律法规、部门规章、地方性法规和政府规章、技术标准及规范性文件;b)企业周边地质、地形、环境情况及气象、水文、交通资料;c)企业现场功能区划分、建(构)筑物平面布置及安全距离资料;d)企业工艺流程、工艺参数、作业条件、设备装置及风险评估资料;e)本企业历史事故与隐患、国内外同行业事故资料;f)属地政府及周边企业、单位应急预案。”

5.3　风险评估

公路水运工程项目应按JT/T 1375.1的要求开展施工安全风险评估,包括但不限于以下内容:

a) 辨识施工作业活动中存在的致险因素,预测可能发生的风险事件;风险事件分析应明确风险事件名称、易发部位(场所、环节等)等内容,公路水运工程典型风险事件清单见附录A;

b) 分析各种风险事件发生的可能性与后果严重程度;

c) 估测相应的风险等级;

d) 制定相应的风险预控措施。

【解读】 本条是关于应急预案编制工作中风险评估的相关要求。施工安全风险评估是各类应急预案编制的基本前提,对应急预案编制的科学性和实用性起到了至关重要的作用,本条列举了施工安全风险评估的主要内容。依据《生产安全事故应急条例》(2019年2月17日 国务院令第708号)第五条、《生产安全事故应急预案管理办法》第十条修订。

> 《生产安全事故应急条例》第五条规定:"生产经营单位应当针对本单位可能发生的生产安全事故的特点和危害,进行风险辨识和评估,制定相应的生产安全事故应急救援预案,并向本单位从业人员公布。"
>
> 《生产安全事故应急预案管理办法》第十条规定:"编制应急预案前,编制单位应当进行事故风险辨识、评估和应急资源调查。"

5.4 应急资源调查

5.4.1 根据风险预控措施明确项目或合同段应急资源配置需求,开展专(兼)职应急救援队伍、应急物资与装备等应急资源的内部调查,并对周边可借助的医院、消防、专业应急救援队伍等社会应急资源分布情况、联系方式等进行外部调查,明确可调用的应急资源数量、种类、功能与存储方式等信息。

【解读】 本条是关于应急资源调查基本要求的相关规定。强调应在明确应急资源配置需求的基础上开展应急资源调查,列举了需要调查的应急救援队伍、应急物资与装备、社会应急资源分布及其他基本信息等重点重要应急资源,有助于提高资源调查的针对性,且节省资源调查时间。依据《生产安全事故应急预案管理办法》第十条修订。

> 《生产安全事故应急预案管理办法》第十条规定:"编制应急预案前,编制单位应当进行事故风险辨识、评估和应急资源调查。"

5.4.2 应急资源调查宜按照GB/T 29639—2020附录B的要求,结合实际编制应急资源调查报告,编制项目或合同段应急资源清单和应急资源分布图,并根据应急资源变化情况进行动态更新。

【解读】 本条是关于应急资源报告编制的相关要求，明确报告应包含应急资源清单和应急资源分布图，并特别指出应急资源应进行动态更新，有利于确保应急资源数量准确、质量可靠、分布位置清楚。需要指出的是，应急资源调查报告是建议项目或合同段根据实际情况进行编制，这样更有利于增强应急预案的针对性和合理性。依据《生产安全事故应急预案管理办法》第十六条修订。

> 《生产安全事故应急预案管理办法》第十六条规定："生产经营单位应急预案应当包括向上级应急管理机构报告的内容、应急组织机构和人员的联系方式、应急物资储备清单等附件信息。附件信息发生变化时，应当及时更新，确保准确有效。"

5.5 应急预案编制

5.5.1 应急预案编制应以应急处置为核心，体现自救互救和先期处置的特点，做到职责明确、程序规范、措施科学，尽可能简明化、图表化、流程化。应急预案编制格式见附录 B。

【解读】 本条是关于应急预案编制原则的规定。应急管理工作应当以人民为中心，以最大限度地减少人员伤亡为出发点，本条内容是对上述要求的进一步细化。应急预案编制做到简明化、图表化、流程化，能够提高预案编制工作实效。依据《生产安全事故应急预案管理办法》第七条修订。

> 《生产安全事故应急预案管理办法》第七条规定："应急预案的编制应当遵循以人为本、依法依规、符合实际、注重实效的原则，以应急处置为核心，明确应急职责、规范应急程序、细化保障措施。"

5.5.2 项目综合应急预案的内容应包括总则、风险事件描述、应急组织机构、预警信息、事故报告、应急响应、善后处置、应急保障、应急预案管理与附件。

【解读】 本条是关于项目综合应急预案主要内容的规定。综合应急预案共包括 10 个必备要素，各部分具体内容编制要求见第 6 章。依据《生产安全事故应急预案管理办法》第十三条、《生产经营单位生产安全事故应急预案编制导则》(GB/T 29639—2020)第 6 章、第 9 章修订。

> 《生产安全事故应急预案管理办法》第十三条规定："综合应急预案应当规定应急组织机构及其职责、应急预案体系、事故风险描述、预警及信息报告、应急响应、保障措施、应急预案管理等内容。"

《生产经营单位生产安全事故应急预案编制导则》(GB/T 29639—2020)第6章综合应急预案内容包括总则、应急组织机构及职责、应急响应、后期处置、应急保障。第9章附件包括生产经营单位概况、风险评估的结果、预案体系与衔接、应急物资装备的名录或清单、有关应急部门、机构或人员的联系方式、格式化文本、关键的路线、标识和图纸、有关协议或者备忘录。

5.5.3 合同段施工专项应急预案的内容应包括适用范围、风险事件描述、应急组织机构、处置程序、处置措施与应急预案管理。

【解读】 本条是关于合同段施工专项应急预案主要内容的规定。合同段施工专项应急预案共包括6个必备要素,各部分具体内容编制要求见第7章。依据《生产安全事故应急预案管理办法》第十四条修订。

《生产安全事故应急预案管理办法》第十四条规定:"专项应急预案应当规定应急指挥机构与职责、处置程序和措施等内容。"

5.5.4 现场处置方案的内容应包括风险事件描述、应急工作职责、处置措施与注意事项。

【解读】 本条是关于现场处置方案主要内容的规定。现场处置方案共包括4个必备要素,各部分具体内容编制要求见第8章。需要指出的是,应急处置卡不是现场处置方案的编制要素,是合同段根据实际情况自行决定编制的。依据《生产安全事故应急预案管理办法》第十五条修订。

《生产安全事故应急预案管理办法》第十五条规定:"现场处置方案应当规定应急工作职责、应急处置措施和注意事项等内容。"

5.5.5 编制工作小组应按AQ/T 9007的要求,对应急预案组织开展桌面演练验证,并根据验证情况修改完善。

【解读】 本条是关于应急预案桌面演练的相关规定。桌面演练是针对不同风险事件,利用图纸、沙盘、流程图、计算机模拟、视频会议等辅助手段,进行交互式讨论和推演的应急演练活动。桌面演练通常在室内完成,具有易组织、低成本的特点,可以有效促进相关人员掌握应急预案中所规定的职责和程序,提高指挥决策和协同配合能力。依据《生产安全事故应急预案管理办法》第十三条修订。

《生产安全事故应急预案管理办法》第十三条规定:"综合应急预案应当规定应急组织机构及其职责、应急预案体系、事故风险描述、预警及信息报告、应急响应、保障措施、应急预案管理等内容。"

5.6 应急预案评审

5.6.1 应急预案编制单位应根据工程实际情况,组织开展应急预案评审。评审可邀请工程技术、安全生产、应急管理等有关专家参加。

【解读】 本条是对应急预案评审基本要求和相关专家的规定。规模或风险等级较大、施工环境复杂的工程项目,往往对应急预案编制的要求更高,项目应急预案应当邀请工程技术、安全生产、应急管理等有关专家组织评审,应急预案经过评审可以提升预案要素完整性、针对性及可操作性。依据《生产安全事故应急预案管理办法》第二十一条、第二十二条修订。

《生产安全事故应急预案管理办法》第二十一条规定:"矿山、金属冶炼企业和易燃易爆物品、危险化学品的生产、经营(带储存设施的,下同)、储存、运输企业,以及使用危险化学品达到国家规定数量的化工企业、烟花爆竹生产、批发经营企业和中型规模以上的其他生产经营单位,应当对本单位编制的应急预案进行评审,并形成书面评审纪要。前款规定以外的其他生产经营单位可以根据自身需要,对本单位编制的应急预案进行论证。"

《生产安全事故应急预案管理办法》第二十二条规定:"参加应急预案评审的人员应当包括有关安全生产及应急管理方面的专家。评审人员与所评审应急预案的生产经营单位有利害关系的,应当回避。"

5.6.2 应急预案评审时应考虑应急预案基本要素的完整性、组织体系的科学性、应急预案间的衔接性、响应程序的可操作性、主要事故风险分析的合理性、应急资源配置的全面性、应急措施的针对性、应急预案管理要求符合性等内容。

【解读】 本条是关于应急预案评审重点内容的相关规定,有助于预案评审工作顺利开展,确保经过评审的预案取得实效。其中,基本要素的完整性着重是对应急预案要求的必备要素是否齐全,是否缺项,强调编制形式的规范性;应急预案的衔接性是项目综合应急预案、合同段施工专项应急预案和现场处置方案之间的相互衔接以及与本单位上级部门项目属地负有安全生产监督管理职责的交通运输管理部门和应急管理部门等相关单位的应急预案的衔接。依据《生产安全事故应急预案管理办法》第二十三条修订。

《生产安全事故应急预案管理办法》第二十三条规定:"应急预案的评审或者论证应当注重基本要素的完整性、组织体系的合理性、应急处置程序和措施的针对性、应急保障措施的可行性、应急预案的衔接性等内容。"

5.6.3 应急预案评审的目的、依据、形式、内容、程序等除应符合 AQ/T 9011 的要求外,还应符合 GB/T 29639—2020 中 4.8 的相关要求。

【解读】 本条是关于预案评审工作总体标准的相关规定。应急预案评审的目的、依据、形式、内容、程序等应符合现行有关标准要求,评审工作应简练高效,有助于最大限度地完善应急预案。依据《生产经营单位生产安全事故应急预案评估指南》(AQ/T 9011—2019)中 4 基本要求、5 评估程序、6 评估内容和《生产经营单位生产安全事故应急预案编制导则》(GB/T 29639—2020)第 4.8.3 条修订。

《生产经营单位生产安全事故应急预案编制导则》(GB/T 29639—2020)第 4.8.3 条规定:"应急预案评审程序包括以下步骤:a)评审准备。成立应急预案评审工作组,落实参加评审的专家,将应急预案、编制说明、风险评估、应急资源调查报告及其他有关资料在评审前送达参加评审的单位或人员。b)组织评审。评审采取会议审查形式,企业主要负责人参加会议,会议由参加评审的专家共同推选出的组长主持,按照议程组织评审;表决时,应有不少于出席会议专家人数的三分之二同意方为通过;评审会议应形成评审意见(经评审组组长签字),附参加评审会议的专家签字表。表决的投票情况应当以书面材料记录在案,并作为评审意见的附件。c)修改完善。生产经营单位应认真分析研究,按照评审意见对应急预案进行修订和完善。评审表决不通过的,生产经营单位应修改完善后按评审程序重新组织专家评审,生产经营单位应写出根据专家评审意见的修改情况说明,并经专家组组长签字确认。"

5.7 应急预案发布

应急预案评审通过后,应由编制单位主要负责人签发实施,以正式文件向项目或合同段全体人员公开发布。

【解读】 本条是关于应急预案发布主体要求与发布形式的规定。应急预案发布应由编制单位主要负责人签发实施,并以正式文件公开发布。编制单位主要负责人是指对项目或合同段有决策权的实际控制人,对于项目综合应急预案而言,编制单位主要负责人是指项目办主任(指挥长)或常务副主任(常务副指挥长);对于合同段专项应急预案和应急处置方案而言,编制单位主要负责人是指施工单位项目经理。应急预案的正式公开发布是预案取得实效的关键,目的是让从业人员了解熟悉应急预案主要内容,并参照实施。依据《生产安全事故应急预案管理办法》第二十四条修订。

《生产安全事故应急预案管理办法》第二十四条规定:"生产经营单位的应急预案经评审或者论证后,由本单位主要负责人签署,向本单位从业人员公布,并及时发放到本单位有关部门、岗位和相关应急救援队伍。事故风险可能影响周边其他单位、人员的,生产经营单位应当将有关事故风险的性质、影响范围和应急防范措施告知周边的其他单位和人员。”

6 项目综合应急预案

6.1 总则

6.1.1 编制依据

简述项目综合应急预案编制依据的法律、法规、规章、标准和规范性文件,以及建设单位的上级主管部门、项目属地负有安全生产监督管理职责的交通运输管理部门、应急管理部门等相关单位的应急预案等。

【解读】 本条是关于应急预案编制依据的相关要求。应急预案编制单位在应急预案编制前应开展相关法律法规、标准规范、上级部门应急预案的搜集和学习,更加准确地把握预案编制的针对性、目的性。依据《生产安全事故应急预案管理办法》第十二条、第十八条修订。

《生产安全事故应急预案管理办法》第十二条规定:“生产经营单位应当根据有关法律、法规、规章和相关标准,编制相应的应急预案。”

《生产安全事故应急预案管理办法》第十八条规定:“生产经营单位编制的各类应急预案之间应当相互衔接,并与相关人民政府及其部门、应急救援队伍和涉及的其他单位的应急预案相衔接。”

示例——

《中华人民共和国突发事件应对法》(2007年8月30日 中华人民共和国主席令第69号);

《中华人民共和国安全生产法》(2021年6月10日 中华人民共和国主席令第88号);

《生产安全事故应急条例》(2019年2月17日 国务院令第708号);

《生产安全事故报告和调查处理条例》(2007年4月9日 国务院令第493号);

《生产安全事故应急预案管理办法》(2019 年 6 月 24 日　中华人民共和国应急管理部令第 2 号);

《企业职工伤亡事故分类标准》(GB 6441—1986);

《生产过程危险和有害因素分类与代码》(GB/T 13861—2009);

《公路水运工程生产安全事故应急预案编制要求》(JT/T 1405—2022);

《公路水运工程生产安全事故应急预案》(交应急发〔2017〕135 号);

《××省安全生产条例》;

《××省安全生产应急预案管理办法》;

××交通运输管理部门、××应急管理部门等相关单位的应急预案等。

6.1.2 适用范围

明确本应急预案适用的公路水运工程项目及适用周期。

【解读】 本条强调了应急预案应适用的公路、水运工程新建、改建、扩建等建设项目,以及使用时间、周期等要求,有利于针对特定的项目开展应急预案编制,提高应急预案的适用性和实操性。依据《公路水运工程安全生产监督管理办法》第三条修订。

《公路水运工程安全生产监督管理办法》第三条规定:"公路水运工程是指经依法审批、核准或者备案的公路、水运基础设施的新建、改建、扩建等建设项目"。

示例——

本预案适用于××高速公路工程在施工周期内发生的施工生产安全事故的应急处置工作。

6.1.3 应急预案体系

简述公路水运工程项目生产安全事故应急预案体系的组成,明确项目综合应急预案、合同段施工专项应急预案和现场处置方案的主要构成情况,可用结构图的形式表示。

【解读】 本条是关于项目应急预案体系组成的规定。

示例——

××高速公路工程生产安全事故应急预案体系主要包括以下内容：

(1)项目综合应急预案

《××高速公路工程项目综合应急预案》

(2)合同段施工专项应急预案

《××合同段高速公路桥梁工程高处坠落事故专项应急预案》

《××合同段高速公路桥梁工程起重伤害事故专项应急预案》

《××合同段高速公路隧道工程坍塌事故专项应急预案》

《××合同段高速公路边坡工程滑坡事故专项应急预案》

《××合同段高速公路边坡工程崩塌事故专项应急预案》

……

(3)现场处置方案

《××合同段高速公路桥梁工程盖梁施工坍塌事故现场处置方案》

《××合同段高速公路桥梁工程临边作业高处坠落事故现场处置方案》

《××合同段高速公路隧道工程掌子面坍塌事故现场处置方案》

《××合同段高速公路隧道工程洞口作业高处坠落事故现场处置方案》

……

6.2　风险事件描述

根据公路水运工程项目施工安全风险分析结果，描述项目施工过程中可能发生的风险事件。

【解读】　本条强调了风险事件描述的相关要求。项目综合应急预案编制要以项目可能存在的风险事件为对象，根据项目风险分析要求，得到项目可能存在的风险事件类型。依据生产经营单位《生产安全事故应急预案编制导则》(GB/T 29639—2020)第4.4条和《公路水运工程施工安全风险评估指南　第1部分：总体要求》(JT/T 1375.1—2022)第6.2.6条修订。

《生产经营单位生产安全事故应急预案编制导则》(GB/T 29639—2020)第4.4条规定："开展生产安全事故风险评估，撰写评估报告，其内容包括但不限于：a)辨识生产经营单位存在的危险有害因素，确定可能发生的生产安全事故类别；b)风险各种事故类别发生的可能性、危害后果和影响范围；c)评估确定相应事故类别的风险等级。”

《公路水运工程施工安全风险评估指南　第1部分：总体要求》(JT/T 1375.1—2022)第6.2.6条规定：“致险因素及风险事件后果类型分析应包括：a)从物的不安全状态(如地质条件、施工方案、施工环境、施工机械、自然灾害等方面)和人的不安全行为(如施工操作、作业管理等方面)分析致险因素；b)从人员伤亡和直接经济损失等方面分析风险事件后果类型，其中，可能受到风险事件上海的人员类型应包括作业人员自身、同一作业场所的其他作业人员、作业场所周围其他人员。”

6.3　应急组织机构

6.3.1　明确公路水运工程项目应急组织机构的组织形式、构成部门及相关人员，并明确构成部门及相关人员的主要职责，可用结构图的形式表示。

【解读】　本条是关于应急预案应急组织机构及职责的相关要求。应急预案编制单位应按照部门设置进行职责分工，明确应急组织机构的构成和相关人员的主要职责，有利于工作落实到人，责任落实到人。依据《生产安全事故应急条例》第六条、《生产安全事故应急预案管理办法》第十三条修订。

《生产安全事故应急条例》第六条规定：“生产安全事故应急救援预案应当符合有关法律、法规、规章和标准的规定，具有科学性、针对性和可操作性，明确规定应急组织体系、职责分工以及应急救援程序和措施。”

《生产安全事故应急预案管理办法》第十三条规定，综合应急预案需要明确规定“应急组织机构及职责”的内容。

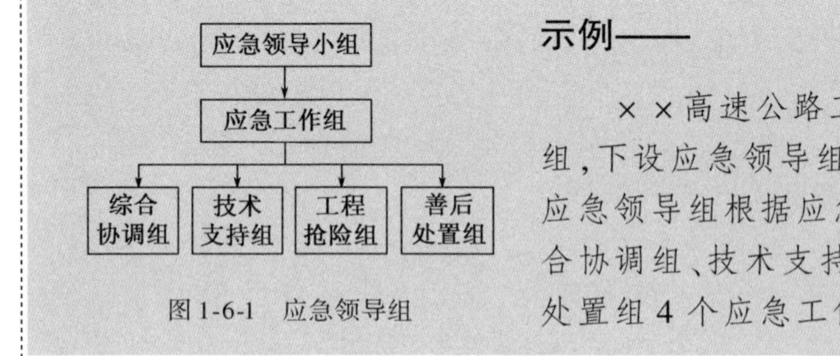

图1-6-1　应急领导组

示例——

××高速公路工程项目设立应急领导组，下设应急领导组办公室。应急启动后，应急领导组根据应急工作实际需要设立综合协调组、技术支持组、工程抢险组、善后处置组4个应急工作组，见图1-6-1。

6.3.2　根据公路水运工程应急工作需要，应急组织机构可根据综合协调、技术支持、工程抢险、善后处置等设置相应的工作组，并明确各工作组的组成人员、主要职责，以及所采取的具体措施。

【解读】　本条是关于设置应急工作组相关要求的规定。根据项目实际情况和应急工作需要，设置必要的应急工作组，明确职责分工，承担相应的应急工作，采取具体的处置措施。应急工作组不宜划分过细过多，应整合项目资源，避免各组间职责交叉，发挥最大效益。

示例——

根据应急工作实际需要，成立综合协调组、技术支持组、工程抢险组、善后处置组4个应急工作组，在应急领导组统一领导下具体承担应急有关工作。

(1)综合协调组

组长：综合办公室主任

成员：综合办公室、各标段相应部室人员

职责：负责与政府及有关部门的沟通联系；保持与各应急工作组的信息沟通及工作协调；及时向上级领导或有关部门报告事故情况及发展情形；组织协调应急队伍、应急物资的调度；承办应急领导组交办的其他工作。

(2)技术支持组

组长：技术管理部负责人

成员：技术管理部、各标段相应部室人员

职责：辨识应急救援过程中的危险、有害因素，并进行安全风险评估，确定灾害现场监控量测方式；根据事故现场的特点，制定相应的应急救援技术措施和应急救援步骤；完善安全评估资料，为应急响应提供科学、准确的依据，防止发生二次伤害事故；承办应急领导组交办的其他工作。

(3)工程抢险组

组长：工程合同部负责人

成员：工程合同部、各标段相应部室人员

职责：科学合理地提出应急物资、设备、应急队伍配备建议；组织抢救现场伤员及现场物资；协调重要物资、抢险救援人员及伤(病)员的应急通行保障工作；承办应急领导组交办的其他工作。

(4)善后处置组

组长:工会部门负责人

成员:纪检监察室、质量监督部及各标段相关部室人员

职责:负责事故善后处置工作;配合地方人民政府组织的有关事故调查;开展伤亡人员家属的安抚、补偿、理赔工作;承办应急领导组交办的其他工作。

6.4 预警信息

6.4.1 简述公路水运工程项目的监测预警机制,明确预警信息的来源、发布的责任部门与职责、发布的对象与方式等。

【解读】 本条规定了从监测预警到信息发布等预警信息处置程序的相关要求。可根据既定的监测预警机制,按职责分工落实监测预警信息发布等工作,做到有条不紊,有利于及时发现险情、及时公开信息,有效控制舆情。依据《公路水运工程安全生产监督管理办法》第九条、《公路水路行业安全生产风险管理暂行办法》(交安监发〔2017〕60 号)第十八条修订。

《公路水运工程安全生产监督管理办法》第九条规定:"鼓励从业单位运用科技和信息化等手段对存在重大安全风险的施工部位加强监控。"

《公路水路行业安全生产风险管理暂行办法》第十八条规定:"生产经营单位应建立风险动态监控机制,按要求进行监测、评估、预警,及时掌握风险的状态和变化趋势。"

示例——

1. 监测预警

建立监测预警信息系统,责成职能部门对监测预警信息进行管理,制定日常检查制度、重大危险源定期检测和适时监测制度及安全生产事故隐患排查治理制度等管理制度,采取专人监测、在线监测、自动化控制等安全运行控制措施,明确每个岗位及管理人员在出现异常情况时的报告、反馈和处置方案,有效控制危险源的触发因素及扩大因素。

2. 预警信息来源

(1)事发地人民政府通过新闻媒体、网络等公开渠道发布的气象灾害、地质灾害等预警信息;

(2)气象、国土、公安、应急、交通、水利、环保、地震等部门及上级部门通过通报、专报、文件等形式告知的相关预警信息;

(3)事故前征兆,如:隧道监测数据超过允许值,出现裂缝、掉块、涌水或突泥等征兆;高边坡监测数据超过允许值,出现崩塌、坍塌、滑坡迹象;基坑(槽)出现渗水、涌沙、落渣等征兆;支架监测数据超过规定值,出现地基沉降、脚手架变形倾斜等征兆。

3. 预警级别

根据可预警的自然灾害信息,以及已发生的或潜在的生产安全事故特点、性质、危害程度、发展态势、紧急程度和影响范围等,将预警级别由低到高划分为蓝色、黄色、橙色、红色四个预警级别。

4. 发布部门、方式与对象

根据预警影响范围,预警信息由项目建设单位应急办公室通过电话、短信、微信、邮件等方式通知相关施工单位或发布到一定范围。蓝色、黄色预警信息由值班人员直接发布;橙色预警信息由值班人员提出申请,经应急办公室主任审核,应急领导组常务副组长批准后发布;红色预警信息由值班人员提出申请,经应急办公室主任、应急领导组常务副组长逐级审核,由应急领导组组长批准后发布。

预警信息主要内容包括预警级别、起始时间、终止时间(如有)、可能影响范围、警示事项、应采取的措施和发布机关等。

6.4.2 简述公路水运工程项目预警信息的收集方式、接收反馈要求与防控措施,明确预警解除(终止)的条件。

【解读】 本条是关于预警信息接收和处置的相关要求,应急预案编制应明确预警信息接收方式、预警的启动程序、预警防控准备和防控措施,预警终止时间已到或预警消失后,按程序解除(终止)预警。

示例——

1. 预警信息收集和防控措施

接收到预警信息后,根据预警级别,应急领导组应采取下列一项或者多项措施:

(1)项目建设单位应急办公室及时收集、报告有关信息,加强对生产安全事故发生、发展情况的监测、预报和预警工作;

(2)成员单位进入待命状态,随时进行生产安全事故的应急处置工作;

(3)根据可能发生的生产安全事故类型组建技术保障组,对事态发展作出判断,并提供决策建议;

(4)调集应急处置和救援所需物资、设备、工具,准备应急设施和避难场所,确保其处于良好状态、随时可以投入正常使用;

(5)及时向事发单位发布有关避免或减轻危险的措施建议和劝告,避免事态进一步扩大,发生衍生事故;

(6)其他有必要的防控措施。

2. 预警解除

当预警终止时间可预见时,应在预警信息中标明终止时间,到期后自行解除,不再单独通知解除。当预警终止时间不可预见时,应按照预警信息发布程序、权限和方式,在预警条件取消后予以解除。

6.5 事故报告

6.5.1 明确生产安全事故信息上报的对象、程序、方式及时限,可用流程图的形式表示,并明确需要越级上报的条件、程序。

【解读】 本条是关于信息上报要求的相关规定。本条明确了信息上报的对象、程序、方式及时限等要素,并明确了首报、续报、终报等不同阶段,以及需提前制定越级上报的条件和程序。根据紧急程度采用电话快报、文字报告等形式,及时、准确、扼要地上报事故信息,情况特别严重、紧急事项可同时越级上报。依据《生产安全事故报告和调查处理条例》第九条修订。

《生产安全事故报告和调查处理条例》第九条规定:"事故发生后,事故现场有关人员应当立即向本单位负责人报告;单位负责人接到报告后,应当于1小时内向事故发生地县级以上人民政府安全生产监督管理部门和负有安全生产监督管理职责的有关部门报告。情况紧急时,事故现场有关人员可以直接向事故发生地县级以上人民政府安全生产监督管理部门和负有安全生产监督管理职责的有关部门报告。"

示例——

生产安全事故发生后,事故现场负责人立即向施工单位负责人报告,单位负责人接到报告后,迅速掌握实情,及时报告建设单位,并于 1 小时内将事故情况如实向事发地交通运输管理部门、应急管理部门报告。情况紧急时,事故现场有关人员可以直接向事发地交通运输管理部门和应急管理部门报告。各相关单位收到事故信息后,按程序要求进行报告。

事故信息报告分首报、续报、终报。首报要快,续报要准,终报要实。情况紧急时,可先行电话快报,再递呈文字信息,先简要报告,后定期续报。当事故发生显著变化或取得重大进展时,要及时续报、补报。

6.5.2 项目生产安全事故信息报告应包括下列内容:

a) 事故发生项目及单位概况;

b) 事故发生的时间、地点以及事故现场情况;

c) 事故的简要经过;

d) 事故已经造成或者可能造成的伤亡人数(包括下落不明的人数)和初步估计的直接经济损失;

e) 已经采取的措施;

f) 其他应当报告的情况。

【解读】 本条是关于信息上报内容的相关要求。明确信息上报包含的内容要点有利于上级部门接到信息报告后能迅速、准确地掌握事故现场的总体情况,及时合理地给出应急救援指导意见。依据《生产安全事故报告和调查处理条例》第十二条修订。

《生产安全事故报告和调查处理条例》第十二条规定:"事故报告应当包括:1)事故发生单位概况;2)事故发生的时间、地点以及事故现场情况;3)事故的简要经过;4)事故已经造成或者可能造成的伤亡人数(包括下落不明的人数)和初步估计的直接经济损失;5)已经采取的措施;6)其他应当报告的情况。"

示例——

首报要素包括:事故发生项目及单位概况,事故发生的时间、地点以及现场情况,事故的简要经过(包括应急救援情况),事故已经造成或者可能造成的伤亡人数(包括下落不明、涉险的人数)和初步估计的直接经济损失,已经采取的措施,其他应当报告的情况。

续报要素包括:事态及处置的最新进展,事件衍生的最新情况,请求当地人民政府和上级部门协助解决的事项,领导批示指示的贯彻落实情况等。

终报要素包括:事故基本情况,原因分析,处置过程,造成的结果,责任划分与处理,教训与预防措施等。

6.6 应急响应

6.6.1 响应分级

根据事故性质、危害后果(包括严重程度、影响范围、被困与受伤及遇难人员数量等),以及参建单位控制事故事态的能力与应急工作职责,对项目应急响应进行分级。上级部门启动应急响应后,项目应急响应级别不能低于上级部门的应急响应级别。

【解读】 本条是关于响应分级的相关要求,有利于事发单位从多方面对事故进行分析,对事发单位事故的处置、控制能力合理评估,根据响应分级的依据和标准,确定事故的响应分级,并明确下级单位的响应级别不应低于上级单位的响应级别。

示例——

根据突发事件分级标准和上级单位的应急响应分级,结合××高速公路工程实际,依据生产安全事故的可控性、可能造成的危害程度、影响范围、紧急程度和发展态势,将应急响应级别划分为Ⅰ级响应与Ⅱ级响应两级。

(1) Ⅰ级响应情形

符合下列情形之一的,启动Ⅰ级响应:

①初判造成或可能造成1人及以上死亡(失踪)的生产安全事故;

②初判造成或可能造成3人及以上重伤的生产安全事故;

③事故后果超出××高速公路工程项目处置能力,需要由地方人民政府

或上级单位指导与支持的；

④地方人民政府或上级单位发出应急指令的。

(2) Ⅱ级响应情形

符合下列情形之一的，启动Ⅱ级响应：

①发现重大安全隐患并可能随时发生事故灾害的；

②接到公共信息部门预报可能发生自然灾害影响施工单位生产的；

③初判造成或可能造成 1 人及以上重伤的生产安全事故。

6.6.2 根据项目应急响应分级要求，明确应急响应启动条件以及指挥协调与会商、应急工作组运行、信息沟通与反馈等响应程序。其中，未达到应急响应启动条件时，应明确响应准备与实时跟踪事态发展的要求；应急响应启动后，根据事态发展及时调整应急响应级别。应急响应程序可用流程图的形式表示，流程图示例见附录 C。

【解读】 本条是关于响应启动条件、响应准备与事态发展跟踪、响应程序的相关要求。响应启动应成立应急指挥部及必要的应急工作组，应急指挥部与相关业务部室进行会商，掌握事故严重程度及先期处置的情况，根据情况制定应急救援方案。

经过研判未达到应急响应级别的事故，应启动响应准备，包括对应急物资的调配和应急队伍的调动做准备，明确所需物资的位置和调运路线，与应急队伍沟通协调，随时准备赶赴现场参加救援，以及其他响应准备措施。明确部门负责对事故进行跟踪，并根据事态发展随时准备启动应急响应。

响应启动后，根据事态发展以及救援情况，按程序扩大或降低响应级别。依据《生产安全事故应急预案管理办法》第八条修订。

《生产安全事故应急预案管理办法》第八条规定："应急预案的编制应当符合下列基本要求：

（一）有关法律、法规、规章和标准的规定；

（二）本地区、本部门、本单位的安全生产实际情况；

（三）本地区、本部门、本单位的危险性分析情况；

（四）应急组织和人员的职责分工明确，并有具体的落实措施；

（五）有明确、具体的应急程序和处置措施，并与其应急能力相适应；

（六）有明确的应急保障措施，满足本地区、本部门、本单位的应急工作需要；

（七）应急预案基本要素齐全、完整，应急预案附件提供的信息准确；

（八）应急预案内容与相关应急预案相互衔接。”

示例——

响应启动

1. Ⅰ级响应程序

(1)项目建设单位应急办公室值班人员接到生产安全事故信息报告或上级单位应急指令后，及时核实有关情况，报应急办公室主任；

(2)项目建设单位应急办公室主任向应急领导组提出启动Ⅰ级应急响应建议；

(3)项目建设单位应急领导组组长下达启动命令，签发Ⅰ级应急响应启动文件；

(4)项目建设单位应急办公室及时将应急响应启动文件报送交通运输厅、应急管理厅、上级单位和事发地人民政府应急办和应急管理局；同时向建设单位各职能部门、事发单位下发应急响应启动文件，并电话确认接收；

(5)各应急工作组根据本预案规定的职责开展应急工作；

(6)应急领导组组长赶赴现场组织救援处置。

2. Ⅱ级响应程序

(1)项目建设单位应急办公室值班人员接到生产安全事故信息报告、预警信息或上级单位应急指令后，及时核实有关情况，报应急办公室主任；

(2)项目建设单位应急办公室主任向应急领导组提出启动Ⅱ级应急响应建议；

(3)应急领导组常务副组长下达启动命令，签发Ⅱ级应急响应启动文件；

(4)项目建设单位应急办公室即时将应急响应启动文件报送交通运输厅、应急管理厅、上级单位和事发地人民政府应急办和应急管理局；同时向建设单位各职能部门、事发单位下发应急响应启动文件，并电话确认接收；

(5)各应急工作组根据本预案规定的职责开展应急工作；

(6)应急领导组常务副组长赶赴现场组织救援处置；

(7)Ⅱ级应急响应启动后，发现事态扩大并符合Ⅰ级应急响应条件的，按照前款规定及时启动Ⅰ级应急响应。

6.6.3　处置措施

针对公路水运工程可能发生的生产安全事故风险、危害程度和影响范围，制定相应的自救互救等先期应急处置措施、扩大应急处置措施等，并明确应急处置的原则和具体要求。

【解读】 本条是关于处置措施制定的相关要求。在制定处置措施时，应根据公路水运工程项目特点和应急救援方案，制定先期处置措施，重点体现自救互救和先期处置的特点，可作为制定合同段施工专项应急预案和现场处置方案处置措施的指导性条款。依据《生产安全事故应急预案管理办法》第八条修订。

《生产安全事故应急预案管理办法》第八条规定："应急预案的编制应当符合下列基本要求：

（一）有关法律、法规、规章和标准的规定；

（二）本地区、本部门、本单位的安全生产实际情况；

（三）本地区、本部门、本单位的危险性分析情况；

（四）应急组织和人员的职责分工明确，并有具体的落实措施；

（五）有明确、具体的应急程序和处置措施，并与其应急能力相适应；

（六）有明确的应急保障措施，满足本地区、本部门、本单位的应急工作需要；

（七）应急预案基本要素齐全、完整，应急预案附件提供的信息准确；

（八）应急预案内容与相关应急预案相互衔接。"

6.6.4　响应终止

明确应急响应终止的条件与要求。

【解读】 本条是关于响应终止的相关要求。应急预案应明确应急响应终止的条件，按照"谁启动，谁终止"的原则，明确响应终止的程序性工作。

示例——

当地方人民政府或上级单位发出宣布事故应急响应终止指令，或事故得到有效控制、处置工作基本完成，次生危害被基本消除时，应急领导组按照"谁启动，谁终止"的原则，提出终止响应或降低应急响应，并做好各项工作交接，后续工作由事发单位组织应对。

6.7 善后处置

应明确以下内容：

a) 受伤人员救治措施、被困人员家属接待安置措施及遇难人员善后工作措施；

b) 污染物处理；

c) 事故后果影响消除和施工恢复措施；

d) 善后赔偿措施；

e) 事故调查和应急处置工作总结评估。

【解读】 本条是关于善后处置的相关要求。善后处置不仅包括事故直接影响人员和间接影响人员的安抚和赔偿，还包括事故污染物处理、事故后果影响消除、施工恢复措施等，同时要对事故进行调查和对应急救援工作进行评估，总结经验和教训，完善安全管理和应急机制。依据《中华人民共和国突发事件应对法》第六十一条和《生产安全事故应急条例》第二十七条制定。

《中华人民共和国突发事件应对法》第六十一条规定："受突发事件影响地区的人民政府应当根据本地区遭受损失的情况，制定救助、补偿、抚慰、抚恤、安置等善后工作计划并组织实施，妥善解决因处置突发事件引发的矛盾和纠纷。"

《生产安全事故应急条例》第二十七条规定："按照国家有关规定成立的生产安全事故调查组应当对应急救援工作进行评估，并在事故调查报告中作出评估结论。"

示例——

1. 救治赔偿

积极配合相关机构做好受伤人员的医疗救治、工伤鉴定、善后赔偿等工作；按照相关政策规定，对应急救援队伍和应急处置工作人员给予补助或补偿；对紧急调集、征用有关单位及个人的物资进行归还并给予补偿；对需要理赔事宜向保险公司申请理赔。

2. 恢复重建

对现场的隐患进行彻底清除，对损坏的设施、设备进行修复，尽快恢复生产秩序，消除事故后果和影响，减少事故造成的损失。在恢复生产过程中要加强安全管理,加大安全投入,认真落实安全生产责任,制定确实可行的安全措施,防止事故再次发生。

3.事故调查

根据事故调查权限,积极配合地方人民政府组织的事故调查工作,按照“四不放过”的原则,认真查清事故经过,分析事故原因,查明事故性质和责任,深刻吸取事故教训,制定事故防范措施,防止类似事故发生。

4.总结评估

组织召开救援工作总结会,对事故应急处置和救援工作进行全面客观的总结评估,重点从预案的预防机制、应急响应、保障措施、处置措施等各方面进行分析总结,找出成功的经验和失败的教训,提出改进救援工作的建议,并将评估情况按照相关规定向政府部门和上级单位报告。

6.8 应急保障

6.8.1 通信信息保障

明确公路水运工程项目应急组织机构相关部门或人员通信联系方式和方法,并有备用方案,明确合同段通信信息保障工作要求。

【解读】 本条是关于应急保障中通信保障的相关要求。通信保障是应急救援工作的重要保障,应急救援信息上报,灾情会商,指令下达,物资和队伍的协调等工作均以良好的通信保障为基础,应保证应急工作相关人员的联系方式真实有效,并保留手机、固话、微信等多种联系方式。公路水运工程领域建立了部省应急联系人制度,确保事故发生时通信联系畅通。

示例——

项目建设单位建立事故应急救援通信网络,确保通信线路通畅,根据事故现场情况,充分利用各种通信工具(手机、网络),确保信息上通下达。明确参与部门通讯方式及通信录,保持通信畅通。

各施工单位应将当地人民政府应急办和应急管理局联系电话编入本单位的应急值班表,并每月核对更新,及时上报应急办公室。

6.8.2 应急队伍保障

明确项目应急响应的人力资源,包括应急专家、专(兼)职应急救援队伍、社会救援队伍等,明确相关人员基本信息与通信联络方式。

【解读】 本条是关于应急保障中专业队伍和人员的相关要求。应急救援工作中,应急专家、救援队伍等专业人员起着关键的作用,直接决定救援效率和救援成功的概率,应急预案编制时应对应急专家和应急救援队伍的保障要求进行说明。依据《生产安全事故应急条例》第十条制定。

> 《生产安全事故应急条例》第十条规定:"易燃易爆物品、危险化学品等危险物品的生产、经营、储存、运输单位,矿山、金属冶炼、城市轨道交通运营、建筑施工单位,以及宾馆、商场、娱乐场所、旅游景区等人员密集场所经营单位,应当建立应急救援队伍;其中,小型企业或者微型企业等规模较小的生产经营单位,可以不建立应急救援队伍,但应当指定兼职的应急救援人员,并且可以与邻近的应急救援队伍签订应急救援协议。工业园区、开发区等产业聚集区域内的生产经营单位,可以联合建立应急救援队伍。"

6.8.3 物资装备保障

6.8.3.1 明确施工单位应急物资装备储备类型、数量、性能、存放位置、运输及使用条件、更新及补充时限、管理责任人及其联系方式等要求。应急物资装备配置清单示例见附录D。

6.8.3.2 明确项目内应急物资装备的调用机制,并根据项目周边社会物资配置情况,提出项目应急物资装备组成、维护更新等管理要求。

【解读】 本条是关于施工单位和项目应急物资保障的相关要求。施工单位和所承担项目合同段应按照相关规定储备必要的应急物资,并做好统计和管养工作,以备应急救援时能及时调运。依据《中华人民共和国安全生产法》第六十九条、《公路水运工程安全生产监督管理办法》第二十五条、《生产安全事故应急条例》第十三条制定。

> 《中华人民共和国安全生产法》第六十九条规定:"负有安全生产监督管理职责的部门在监督检查中,应当互相配合,实行联合检查;确需分别进行检查的,应当互通情况,发现存在的安全问题应当由其他有关部门进行处理的,应当及时移送其他有关部门并形成记录备查,接受移送的部门应当及时进行处理。"
>
> 《公路水运工程安全生产监督管理办法》第二十五条规定:"施工单位应

当依法建立应急救援组织或者指定工程现场兼职的、具有一定专业能力的应急救援人员，配备必要的应急救援器材、设备和物资，并进行经常性维护、保养。”

《生产安全事故应急条例》第十三条规定，建筑施工单位，应当根据本单位可能发生的生产安全事故的特点和危害，配备必要的灭火、排水、通风以及危险物品稀释、掩埋、收集等应急救援器材、设备和物资，并进行经常性维护、保养，保证正常运转。

示例——

××高速公路建设单位按照“统一规划、布局合理、租购结合、规模适当”的原则，统筹规划应急物资储备体系，督促、指导各项目施工单位按照物资储备标准或应急资源，依托现有资源，采用实物储备和协议储备方式，建设、运维应急物资储备库。

各施工单位应根据事故易发季节、风险源分布情况，储备应急专用的防护工具用品、应急器材和抢险物资等，并根据风险大小、周围环境及上级有关要求足量配备。

6.8.4 经费保障

明确项目应急经费的来源、使用范围、数量和监督管理措施。

【解读】 本条是关于应急经费的相关要求。应急经费作为应急救援工作的重要因素，应急预案编制时应对经费来源、经费使用等进行说明，可在安全生产费用中列支。依据《中华人民共和国安全生产法》第十八条、《企业安全生产费用提取和使用管理办法》（财企〔2012〕16号）第七条、第十九条制定。

《中华人民共和国安全生产法》第十八条规定：“国家鼓励和支持安全生产科学技术研究和安全生产先进技术的推广应用，提高安全生产水平。”

《企业安全生产费用提取和使用管理办法》第七条规定：“建设工程施工企业以建筑安装工程造价为计提依据。各建设工程类别安全费用提取标准如下：

（一）矿山工程为2.5%；

（二）房屋建筑工程、水利水电工程、电力工程、铁路工程、城市轨道交通工程为2.0%；

（三）市政公用工程、冶炼工程、机电安装工程、化工石油工程、港口与航道工程、公路工程、通信工程为1.5%。

建设工程施工企业提取的安全费用列入工程造价，在竞标时，不得删减，列入标外管理。国家对基本建设投资概算另有规定的，从其规定。

总包单位应当将安全费用按比例直接支付分包单位并监督使用，分包单位不再重复提取。”

《企业安全生产费用提取和使用管理办法》第十九条规定：“建设工程施工企业安全费用应当按照以下范围使用：

（一）完善、改造和维护安全防护设施设备支出（不含“三同时”要求初期投入的安全设施），包括施工现场临时用电系统、洞口、临边、机械设备、高处作业防护、交叉作业防护、防火、防爆、防尘、防毒、防雷、防台风、防地质灾害、地下工程有害气体监测、通风、临时安全防护等设施设备支出；

（二）配备、维护、保养应急救援器材、设备支出和应急演练支出；

（三）开展重大危险源和事故隐患评估、监控和整改支出；

（四）安全生产检查、评价（不包括新建、改建、扩建项目安全评价）、咨询和标准化建设支出；

（五）配备和更新现场作业人员安全防护用品支出；

（六）安全生产宣传、教育、培训支出；

（七）安全生产适用的新技术、新标准、新工艺、新装备的推广应用支出；

（八）安全设施及特种设备检测检验支出；

（九）其他与安全生产直接相关的支出。”

示例——

××高速公路建设单位建立健全应急资金保障制度，将应急经费纳入公司预算管理，为应急处置工作提供必需的资金保障。按规定为职工投保工伤保险，鼓励投保意外伤害险或安全生产责任险等相关险种。

各施工单位应按照相关规定，编制安全生产费用使用计划，按规定进行备案；建立安全生产费用管理制度，按规定提取和使用安全生产专项费用，填报安全生产费用台账，并在财务管理中单独列支，专款专用，不得挪用或挤占。应急经费可在安全生产费用中专项列支。

6.8.5　其他保障

6.8.5.1　交通运输保障

明确应急交通工具优先安排、优先调度等要求,以及与属地负有安全生产监督管理职责的交通运输管理部门、公安交管部门、应急管理部门、海事监督管理部门等的协调机制。

【解读】　本条是关于应急车辆等交通工具保障的相关要求。应优先保障应急救援的车辆和人员调度安排,并应做好与交通管理相关部门的沟通和协调,保障应急救援车辆及人员顺利通行。

6.8.5.2　治安保障

明确应急现场治安保障要求,包括现场秩序管理、与属地公安部门协调衔接等措施。

【解读】　本条是关于事故现场治安保障的相关要求。事故现场人员和机械较多,风险因素较多,应加强治安管理,以免无关人员受到伤害等事件发生,同时保障救援工作不受其他因素干扰。

6.8.5.3　医疗保障

明确项目属地卫生健康部门和对应医疗机构,并明确应急现场医疗救助、疾病预防控制等协助措施。

【解读】　本条是关于医疗保障的相关要求。应急预案编制时,针对可能发生的事故伤害,调查附近医疗机构的情况,保证事故发生后,能及时提供医疗和防疫工作。

6.8.5.4　后勤保障

明确应急现场供水、供电、通信等后勤保障措施。

【解读】　本条是关于应急救援现场风、水、电、通信、临时休息场所、用餐、厕所等基本救援保障的相关要求。

示例——

后勤保障组做好事故抢险救援及事故调查工作人员生活保障、食宿安排、厕所等后勤服务工作,提供必要的办公用品、交通工具、通信工具、器材等;与相关水利、电力企业保持联络,保证事故现场水利、电力供应。

6.9 应急预案管理

6.9.1 应急预案培训

明确对项目相关人员开展应急预案培训的计划、内容、方式和要求，并满足以下要求：

a) 应急预案培训应纳入项目安全生产培训工作计划；

b) 项目综合应急预案培训应侧重项目应急预案体系、应急组织机构、预警信息、应急响应、应急保障等；

c) 应结合项目实际，明确专题培训、全员培训、案例研讨等培训方式及培训时间等要求，如涉及沿线附近社会公众，施工单位应明确做好宣传和公示告知等工作。

【解读】 本条是关于应急预案培训计划、要点、方式等的相关要求。依据《生产安全事故应急条例》第十五条、《生产安全事故应急预案管理办法》第三十一条制定。

《生产安全事故应急条例》第十五条规定："生产经营单位应当对从业人员进行应急教育和培训，保证从业人员具备必要的应急知识，掌握风险防范技能和事故应急措施。"

《生产安全事故应急预案管理办法》第三十一条规定："生产经营单位应当组织开展本单位的应急预案、应急知识、自救互救和避险逃生技能的培训活动，使有关人员了解应急预案内容，熟悉应急职责、应急处置程序和措施。应急培训的时间、地点、内容、师资、参加人员和考核结果等情况应当如实记入本单位的安全生产教育和培训档案。"

示例——

采取多种形式组织开展应急预案的宣传教育，比如定期或不定期举办应急管理和救援人员培训班、将应急预案培训纳入项目和合同段安全生产培训工作计划等方式，向项目管理人员开展项目预案体系、应急组织机构、预警信息、应急响应、应急保障等培训，向施工单位员工普及事故预防、避险、自救、互救、减灾、逃生等基本知识和技能，提高从业人员的安全意识以及应急处置技能。

6.9.2 应急演练

明确应急预案演练目的与形式、演练组织机构构成与职责、演练方案制定、演练内容与实施、演练频次、演练记录、演练评估总结等要求，应急演练的计划、准备、实施、评估总结和持续改进等应满足 AQ/T 9007 的相关要求。

【解读】 本条强调了应急演练的要求。建设单位每年至少组织一次综合应急预案演练，合同段每年至少组织一次专项应急预案演练或每半年至少组织一次现场处置方案演练。依据《生产安全事故应急预案管理办法》第三十二条、第三十三条制定。

> 《生产安全事故应急预案管理办法》第三十二条规定："各级安全生产监督管理部门应当定期组织应急预案演练，提高本部门、本地区生产安全事故应急处置能力。"
>
> 《生产安全事故应急预案管理办法》第三十三条规定："生产经营单位应当制定本单位的应急预案演练计划，根据本单位的事故风险特点，每年至少组织一次综合应急预案演练或者专项应急预案演练，每半年至少组织一次现场处置方案演练。"

示例——

为检验预案的科学性、合理性和可操作性，保证预案有效实施并不断完善，应通过桌面推演、实战演练等多种形式开展应急演练。××高速公路建设单位每年至少组织一次项目综合应急预案演练，各合同段每年至少组织一次合同段专项应急预案演练或每半年至少组织一次现场处置方案演练。应急演练结束后，演练组织单位应当对应急预案演练效果进行评估，撰写应急预案演练评估报告，分析存在的问题，并对应急预案提出修订意见。鼓励委托第三方安全应急服务机构进行应急演练策划、评估。

6.9.3 应急预案修订

明确应急预案修订原则、修订条件、修订周期、动态更新与管理要求，其中，修订条件应包含但不限于以下要求：

a) 依据的有关法律、法规、规章、标准及相衔接应急预案中的有关规定发生重大变化的；

b) 应急组织机构及其职责调整发生重大变化的；

c）　施工安全风险发生重大变化的；

d）　重要公路水运工程应急资源发生重大变化的；

e）　在应急演练和事故应急救援中发现问题需要修订的；

f）　其他认为应当修订的情况。

【解读】　本条是关于应急预案修订条件的相关要求。依据《生产安全事故应急条例》第六条、《生产安全事故应急预案管理办法》第三十六条制定。

《生产安全事故应急条例》第六条规定："生产安全事故应急救援预案应当符合有关法律、法规、规章和标准的规定，具有科学性、针对性和可操作性，明确规定应急组织体系、职责分工以及应急救援程序和措施。

有下列情形之一的，生产安全事故应急救援预案制定单位应当及时修订相关预案：

（一）制定预案所依据的法律、法规、规章、标准发生重大变化；

（二）应急指挥机构及其职责发生调整；

（三）安全生产面临的风险发生重大变化；

（四）重要应急资源发生重大变化；

（五）在预案演练或者应急救援中发现需要修订预案的重大问题；

（六）其他应当修订的情形。"

《生产安全事故应急预案管理办法》第三十六条规定："有下列情形之一的，应急预案应当及时修订并归档：

（一）依据的法律、法规、规章、标准及上位预案中的有关规定发生重大变化的；

（二）应急指挥机构及其职责发生调整的；

（三）安全生产面临的风险发生重大变化的；

（四）重要应急资源发生重大变化的；

（五）在应急演练和事故应急救援中发现需要修订预案的重大问题的；

（六）编制单位认为应当修订的其他情况。"

6.9.4　应急预案备案

按规定明确应急预案的报备部门。

【解读】　本条规定了应急预案报备的相关要求。依据《生产安全事故应急条例》第七条、《生产安全事故应急预案管理办法》第二十六条制定。

《生产安全事故应急条例》第七条规定，建筑施工单位应当将其制定的生产安全事故应急救援预案按照国家有关规定报送县级以上人民政府负有安全生产监督管理职责的部门备案,并依法向社会公布。

《生产安全事故应急预案管理办法》第二十六条规定,生产经营单位应当在应急预案公布之日起20个工作日内,按照分级属地原则,向安全生产监督管理部门和有关部门进行告知性备案。

示例——

项目综合应急预案向项目所在地直接监管的交通运输管理部门和应急管理部门备案。

合同段施工专项应急预案或现场处置方案向项目建设单位和其上级单位备案。

6.10 附件

应急预案附件应包含但不限于以下方面的内容:

a) 内部应急机构、人员通讯录;

b) 外部协作单位的联系方式;

c) 应急资源的清单与分布图;

d) 现场疏散路线、救援队伍行动路线等关键的路线;

e) 现场集结点、警戒范围与重要地点等标识;

f) 附近交通图、医院地理位置图和路线图等图纸;

g) 与相关应急救援部门签订的应急救援协议或备忘录(如有)。

【解读】 本条是关于项目综合应急预案附件的要求,主要从应急救援实际出发,列举出必要的附件清单。若项目或合同段不涉及某项附件内容,可在相应的应急预案中予以删除或在该项注明“无”。

7 合同段施工专项应急预案

7.1 适用范围

说明合同段施工专项应急预案的适用范围。

【解读】 本条规定了合同段施工专项应急预案应明确所适用的公路、水运工程的新建、改建、扩建等建设项目的合同段名称及事故类型。

> **示例——**
>
> 本预案适用于××高速公路××合同段桥梁工程××事故。

7.2 风险事件描述

根据施工安全专项风险评估结论,分析合同段施工专项应急预案适用的风险事件,包括名称、可能发生的工程部位或作业环节、影响程度与范围等。

【解读】 本条规定了风险事件描述要求,也是合同段施工专项应急预案的适用对象。合同段施工安全专项风险评估针对重大作业活动或重大风险源会开展风险分析与风险评估,给出风险事件可能发生的部位或作业环节,以及后果影响程度,其风险评估结论对合同段施工专项应急预案的编制会起到有效的指导作用。另外,风险事件描述也可参照《公路水运工程项目生产安全事故应急预案编制要求》(JT/T 1405—2022)附录 A 对照编写。依据《生产安全事故应急预案管理办法》第十四条修订。

《生产安全事故应急预案管理办法》第十四条规定:"对于某一种或者多种类型的事故风险,生产经营单位可以编制相应的专项应急预案,或将专项应急预案并入综合应急预案。

专项应急预案应当规定应急指挥机构与职责、处置程序和措施等内容。"

> **示例——**
>
> 本合同段水上作业较多,且使用的船舶数量较大,在生产过程中,作业人员在上下船和操作过程中及临水临边施工作业时可能发生人员落水,造成淹溺事故,在降雨、风力较大的天气发生可能性更大。
>
> 事件可能发生的区域、地点或装置:码头上部结构、顶升平台、各施工船舶、交通船及临水作业区域。
>
> 事故后果:发生人员溺水后,可引起人员轻伤、重伤,甚至人身死亡事故。

7.3　应急组织机构

7.3.1　明确合同段应急组织机构的构成、各职能部门与工程区段参加人员与职责要求，可用结构图的形式表示。

7.3.2　应急组织机构可结合合同段实际设置相应的应急工作组，工作组主要工作内容可以包含但不限于以下方面：

a）综合协调组主要负责与外部救援力量、地方政府相关部门等协调救援及事故调查处理、事故信息的收集、报告，以及提供工程抢险通信、物资、人员等资源保障等工作；

b）技术支持组主要负责工程抢险技术方案支持等工作；

c）工程抢险组主要负责事故现场人员搜救及工程本身抢险等工作；

d）善后处置组主要负责事故伤亡人员医疗救护、被困及伤亡人员医疗救护、善后处理和家属接待安置等工作。

【解读】　本条规定了合同段施工专项应急预案明确应急组织机构及职责的要求，有利于施工单位按照预案进行部门设置和职责分工。明确了综合协调组、技术支持组、工程抢险组、后勤保障组、善后处置组等各应急工作组的人员组成、主要职责等相关要求。依据《生产安全事故应急条例》第六条、《生产安全事故应急预案管理办法》第十四条修订。

《生产安全事故应急条例》第六条规定：“生产安全事故应急救援预案应当符合有关法律、法规、规章和标准的规定，具有科学性、针对性和可操作性，明确规定应急组织体系、职责分工以及应急救援程序和措施。”

《生产安全事故应急预案管理办法》第十四条规定，专项应急预案应当规定“应急组织机构及职责”的内容。

示例——

应急救援领导小组组长由项目负责人担任，副组长由项目技术负责人及相关副职担任，成员由安全、工程技术、设备物资、综合办、财务、计划合同等相关部门及各作业队组成。应急救援领导小组组织架构见图 1-7-1。

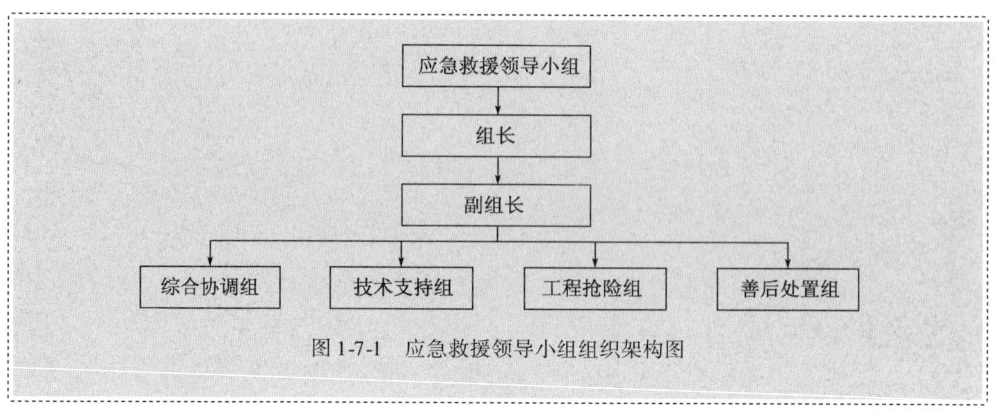

图 1-7-1　应急救援领导小组组织架构图

7.4　处置程序

7.4.1　明确事故信息报告的程序、方式、时限及内容等。

【解读】　本条是关于专项应急预案事故信息报告的程序、方式、时限、内容等的相关要求。根据《生产安全事故报告和调查处理条例》第二章内容修订。

《生产安全事故报告和调查处理条例》第二章第九条规定："事故发生后，事故现场有关人员应当立即向本单位负责人报告；单位负责人接到报告后，应当于1小时内向事故发生地县级以上人民政府安全生产监督管理部门和负有安全生产监督管理职责的有关部门报告。

情况紧急时，事故现场有关人员可以直接向事故发生地县级以上人民政府安全生产监督管理部门和负有安全生产监督管理职责的有关部门报告。"

《生产安全事故报告和调查处理条例》第二章第十条规定："安全生产监督管理部门和负有安全生产监督管理职责的有关部门接到事故报告后，应当依照下列规定上报事故情况，并通知公安机关、劳动保障行政部门、工会和人民检察院：

（一）特别重大事故、重大事故逐级上报至国务院安全生产监督管理部门和负有安全生产监督管理职责的有关部门；

（二）较大事故逐级上报至省、自治区、直辖市人民政府安全生产监督管理部门和负有安全生产监督管理职责的有关部门；

（三）一般事故上报至设区的市级人民政府安全生产监督管理部门和负有安全生产监督管理职责的有关部门。

安全生产监督管理部门和负有安全生产监督管理职责的有关部门依照前款规定上报事故情况，应当同时报告本级人民政府。国务院安全生产监督管理部门和负有安全生产监督管理职责的有关部门以及省级人民政府接到发生特别重大事故、重大事故的报告后，应当立即报告国务院。

必要时，安全生产监督管理部门和负有安全生产监督管理职责的有关部门可以越级上报事故情况。"

《生产安全事故报告和调查处理条例》第二章第十一条规定："安全生产监督管理部门和负有安全生产监督管理职责的有关部门逐级上报事故情况，每级上报的时间不得超过2小时。"

《生产安全事故报告和调查处理条例》第二章第十二条规定："报告事故应当包括下列内容：

（一）事故发生单位概况；

（二）事故发生的时间、地点以及事故现场情况；

（三）事故的简要经过；

（四）事故已经造成或者可能造成的伤亡人数（包括下落不明的人数）和初步估计的直接经济损失；

（五）已经采取的措施；

（六）其他应当报告的情况。"

7.4.2 明确应急响应分级、响应启动、响应终止等程序要求，并明确与项目综合应急预案应急响应相衔接要求。

【解读】 本条是关于应急响应分级、响应程序、响应终止等的要求，合同段施工专项应急预案的应急响应级别与要求要与项目综合应急预案相衔接，确保内部应急预案间的内容协调性。

示例——

根据发生事故等级、经济损失等因素划分，××公司应急响应级别分为Ⅰ级、Ⅱ级、Ⅲ级、Ⅳ级。

（1）应急响应分级

应急响应分级、启动条件及响应人员具体见表1-7-1。

应急响应分级表 表1-7-1

序号	响应分级	启动条件（下列情况之一）	响应人员
1	Ⅰ级响应 （扩大应急）	1. 初判可能造成死亡3人以上死亡； 2. 重伤10人及以上； 3. 初判可能发生直接经济损失大于500万元的事故	公司应急领导小组

续上表

序号	响应分级	启动条件(下列情况之一)	响应人员
2	Ⅱ级响应 (扩大响应)	1. 发生造成或可能造成1人以上死亡的事故; 2. 重伤3人及以上; 3. 初判可能发生直接经济损失50万~500万元(不含)的事故; 4. 发生火灾、爆炸等无人员伤亡,但社会影响大的	公司应急领导小组
3	Ⅲ级响应 (启动应急响应)	1. 发生重伤1~2人的事故; 2. 初判可能发生直接经济损失20万~50万元(不含)的事故; 3. 营业线施工及施工破坏管线,造成较大影响的事故; 4. 无人员伤亡,但有一定社会影响的险性事故(事件): (1)桥梁搬运机、提梁机、运梁车、架桥机、大型龙门吊、盾构机等大型机械设备险性事故; (2)移动模架、桥梁施工挂篮、满堂支架等大型临时设施险性事故; (3)开挖深度大于5m(含)的基坑坍塌险性事故; (4)隧道施工坍塌长度大于5m(含)的事故; (5)其他影响大,损失严重的险性事故	分管领导、安质环保部、工程管理部部长及相关人员
4	Ⅳ级响应 项目经理部级	1. 初判可能造成轻伤; 2. 初判可能发生直接经济损失<20万元的事故; 3. 无人员伤亡,具有社会影响的险性事故(事件): (1)开挖深度小于5m的基坑坍塌险性事故; (2)隧道施工坍塌长度小于5m的事故; (3)其他影响较大,损失较重的险性事故	项目部领导班子、生产管理部门负责人

(2)响应程序

应急响应流程见图1-7-2。

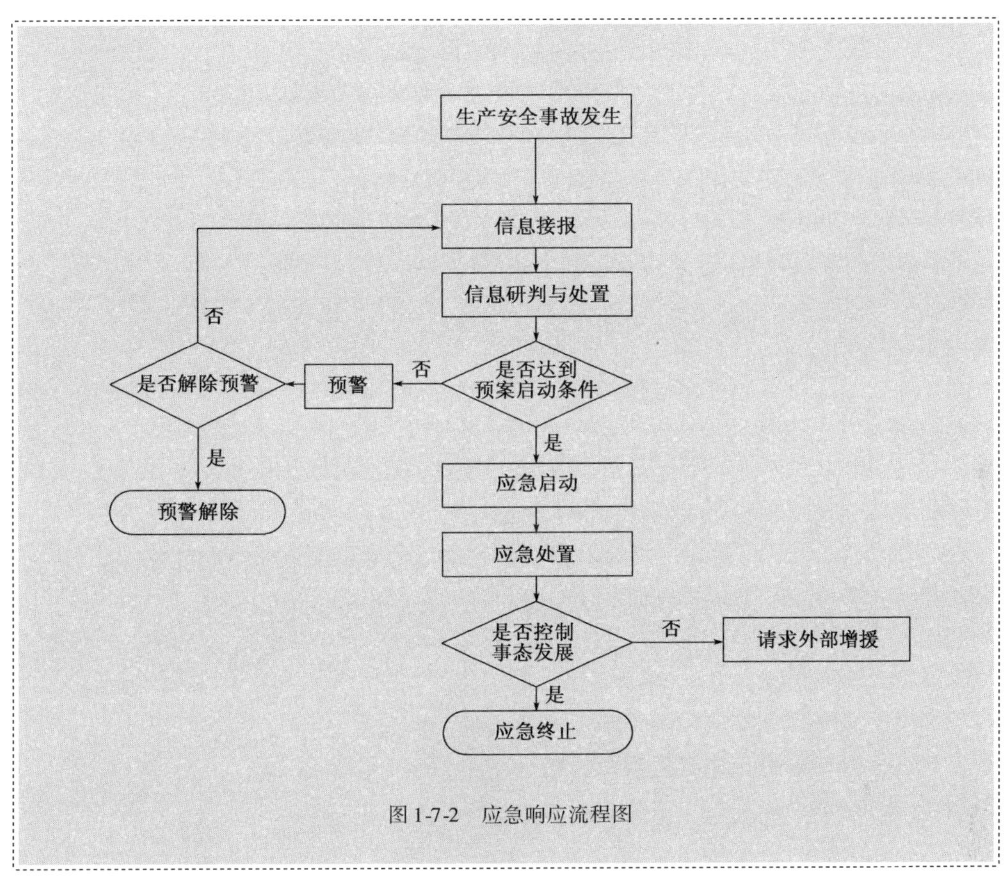

图 1-7-2　应急响应流程图

7.5　处置措施

7.5.1　应针对合同段可能发生的风险事件，制定相应的处置措施，明确处置原则和具体要求。

【解读】　本条是关于合同段应急预案制定处置措施的原则性要求。合同段施工专项应急预案强调的是“专业应对”，应急处置措施要与合同段风险事件类型对应，确保处置措施的针对性和可操作性。根据《生产安全事故应急预案管理办法》第八条修订。

> 《生产安全事故应急预案管理办法》第八条规定，应急预案的编制应当有明确、具体的应急程序和处置措施，并与其应急能力相适应。

7.5.2 应急处置措施应包含但不局限于以下要求：

a) 坍塌处置措施应结合桥梁基坑、隧道洞口、半成洞及掌子面、护岸等施工部位，或者模板、脚手架、支架等作业环节制定，明确结构监测、防护加固、人员搜救、应急通信保障等要求；

b) 高处坠落处置措施应结合公路工程桥墩（柱、塔）、盖梁以及水运工程码头上部结构、闸首边墩等施工部位或者作业环节制定，明确现场临边防护、人员抢救等要求；

c) 起重伤害处置措施应结合施工升降机、塔式和门式起重机、起重船等不同起重机械类型制定，明确机械关停、作业停止、人员抢救、安全转移等要求；

d) 淹溺处置措施应结合施工水域掩护条件、水深、风浪、水流及其变化、搜救资源等情况制定，明确人员营救、水上救援交通组织等要求；

e) 防台防汛处置措施应结合台风预警、潮汐水位变化、防台拖带能力、航道通航和锚地选择、人员驻地防护等情况制定，明确监测预警、作业停止、设施设备稳固、船舶避风、人员撤离、驻地防洪等要求；

f) 其他风险事件处置措施应根据发生部位或作业环节、施工环境特点制定。

【解读】 本条结合公路水运工程相关事故特点，给出了坍塌事故、起重伤害、淹溺事故、防台防汛等事故应急处置内容要点等措施要求，其他类型事故处置措施应参照实施。主要根据公路水运工程典型事故案例与前期经验总结提出。

示例——

××合同段隧道坍塌施工应急处置措施如下：

(1) 当出现下列情况时，说明隧道存在坍塌征兆，现场作业人员须立即通知项目部现场带班人员：

①监测设施所反映的围岩变形速率或数值超过允许范围；

②喷混凝土产生纵横向的裂纹或龟裂；

③隧洞顶拱、侧墙发现掉块或支撑间隙不断漏出碎石等；

④支撑变形或折断；

⑤岩石的层理、节理缝、裂隙等变大或张开；

⑥隧洞渗水、滴水突然加剧或变浑。

(2)当事故已经发生险情,且造成人员被埋、被压、被堵等情况时,应急救援领导小组除立即报告建设单位及分公司外,应保护好现场,稳定被困人员的情绪。当坍塌体没有稳定前,人员不得通过通道或其他地方进入隧道内。要在确认坍塌事故基本稳定,不会再次发生同类事故的前提下,方可调集挖运机械设备及人员抢救被困人员。避免在施救和疏散的过程中造成对人员的二次伤害事故。在核实所有人员获救后,对被困人员的位置进行拍照或录像,禁止无关人员进入现场,等待事故调查组进行调查处理。

(3)加强隧道洞内以及坍塌事故发生部位的监控量测,增大监控量测的频率,缩短监控量测点间距。拱顶下沉量测断面的位置在每一断面宜布置4~6个点。

塌方段采用强支护型式,按设计支护进行加强和调整,塌腔区围岩采用小导管注双液浆固结代替中空注浆系统锚杆;缩小钢拱架间距。管棚段采用小导管超前支护。对塌方段洞内空腔部分回填,可以确保后续施工效果和安全;固结塌渣堆采取环向固结方式,采用注浆小导管,注浆前全掌子面挂网喷混凝土封闭。隧道拱顶向两侧大约60°范围分别施作大管棚注浆采用双液浆。超前大管向前延伸至过渡段内。

7.5.3　明确与处置措施相匹配的应急物资装备名称、型号及性能、数量、存放地点及保管人员等,并要求动态更新管理,物资装备保障应满足6.8.3的要求。

【解读】　本条明确了与应急处置措施相匹配的应急物资装备管理、动态更新等管理措施要求。合同段施工专项应急预案中应给出具体的应急物资清单与管理等信息。

7.6　应急预案管理

合同段施工专项应急预案的培训应按照6.9.1的要求明确培训的计划、内容和方式,并侧重现场前期处置措施、自救互救基本知识、应急物资使用等要求;应急演练、应急预案修订与备案应分别符合6.9.2、6.9.3与6.9.4的相关要求。

【解读】　本条是关于应急预案管理的要求,与综合应急预案中相关应急预案管理要求相衔接。

8 现场处置方案

8.1 风险事件描述

8.1.1 根据施工工艺、作业环节与岗位特点等实际情况,分析合同段现场处置方案适用的风险事件,风险事件类型见附录 A。

【解读】 本条是关于风险事件描述的相关要求,指出了现场处置方案的适用对象。参照《公路水运工程项目生产安全事故应急预案编制要求》(JT/T 1405—2022)附录 A 的要求,有利于合同段在开展风险事件分析前,根据施工工艺、作业环节与岗位特点等实际情况,更加准确地识别出风险事件类型、易发部位等。依据《生产安全事故应急条例》第五条、《公路水运工程安全生产监督管理办法》第二十五条修订。

《生产安全事故应急条例》第五条规定:"生产经营单位应当针对本单位可能发生的生产安全事故的特点和危害,进行风险辨识和评估,制定相应的生产安全事故应急救援预案,并向本单位从业人员公布。"

《公路水运工程安全生产监督管理办法》第二十五条规定:"建设、施工等单位应当针对工程项目特点和风险评估情况分别制定项目综合应急预案、合同段施工专项应急预案和现场处置方案,告知相关人员紧急避险措施,并定期组织演练。"

8.1.2 风险事件描述应包含但不局限于以下内容:

a) 类型名称;

b) 发生的具体工程部位或作业环节、设施设备名称;

c) 可能的危害程度及其影响范围;

d) 发生前可能出现的应力、变形指标异常等征兆信息;

e) 可能引发的次生、衍生事故。

【解读】 本条规定了在风险事件描述过程中应该包含的相关要求,现场处置方案强调的是"具体应对",合同段风险事件分析得越详细,对于给出应急处置措施更有针对性。应具体分析事件易发的工程部位或作业环节、设施设备名称,识别危害因素,针对可能发生的直接后果以及次生、衍生后果,判断可能出现的征兆信息。依据《生产安全事故应急预案管理办法》第十五条修订。

《生产安全事故应急预案管理办法》第十五条规定:“针对突发事件特点,识别事件的危害因素,分析事件可能产生的直接后果以及次生、衍生后果,评估各种后果的危害程度,提出控制风险、治理隐患的措施。”

示例——

a)类型名称

挂篮施工高处坠落事故。

b)发生的具体工程部位或作业环节、设施设备名称

在特大桥主墩挂篮施工区域,凡是坠落基准面高度2m以上(含2m)从事作业活动的人员,均存在高处坠落风险。

c)可能的危害程度及其影响范围

高处坠落事故发生后,坠落人员通常有多个系统或多个器官的损伤,严重者当场死亡。挂篮施工作业过程中高处坠落较容易发生,一般受伤害的为个体,影响范围较小。极小概率发生挂篮整体坍塌而造成的集体高处坠落。

d)发生前可能出现的应力、变形指标异常等征兆信息

挂篮施工作业人员未按要求系安全带、安全绳或者老化磨损严重未及时更换或者使用不当。挂篮施工区域无防护栏杆、安全网或防护不可靠。当发生大风、暴雨、暴雪等恶劣气候时,挂篮施工作业人员违章作业极有可能发生坠落事故。

e)可能引发的次生、衍生事故

物体打击、机械伤害、触电、淹溺。

8.2 应急工作职责

结合工程部位或作业环节班组管理人员与作业人员工作职责,明确现场应急处置的工作分工和职责要求。

【解读】 本条是关于现场处置方案中应急工作职责的相关要求。在制定应急工作职责时,应充分考虑工程部位特点等因素,根据现场班组、工作岗位、组织形式及作业人员情况,规定现场应急处置的工作分工和职责要求,依据《生产安全事故应急预案管理办法》第十五条修订。

《生产安全事故应急预案管理办法》第十五条规定:“对于危险性较大的

场所、装置或者设施,生产经营单位应当编制现场处置方案。现场处置方案应当规定应急工作职责、应急处置措施和注意事项等内容。”

8.3　处置措施

8.3.1　根据工作岗位分工与涉及的施工工艺、物资设备等,明确现场应急处置措施确定的原则和自救互救的基本要求。

【解读】　本条是关于现场处置措施确定的原则和自救互救的有关要求。在制定处置措施时,应结合工作岗位分工与涉及的施工工艺、物资设备特点,充分体现先期处置的重要性。同时,按照自救互救的原则,体现第一时间处置原则和保护现场人员为主的编制思想。依据《生产安全事故应急预案管理办法》第九条、第十二条修订。

《生产安全事故应急预案管理办法》第九条规定:“单位和基层组织应急预案由机关、企业、事业单位、社会团体和居委会、村委会等法人和基层组织制定,侧重明确应急响应责任人、风险隐患监测、信息报告、预警响应、应急处置、人员疏散撤离组织和路线、可调用或可请求援助的应急资源情况及如何实施等,体现自救互救、信息报告和先期处置特点。”

《生产安全事故应急预案管理办法》第十二条规定:“生产经营单位应当根据有关法律、法规、规章和相关标准,结合本单位组织管理体系、生产规模和可能发生的事故特点,与相关预案保持衔接,确立本单位的应急预案体系,编制相应的应急预案,并体现自救互救和先期处置等特点。”

8.3.2　现场应急处置措施要求应包含但不局限于以下内容:

a)　应急处置程序。明确事故上报要求、现场管控要求、防止事故扩大要求等内容;

b)　现场处置措施。简述作业人员避险方式及撤离时机、人员搜救、医疗救治、设施加固、现场监测与防护、防止事故扩大等处置措施;

c)　外部救援处置措施。明确外部救援的要求,所需的应急队伍、物资与装备,以及与外部救援到达现场前的准备工作方案与到达后的配合工作方案;

d)　应急物资装备配置应满足6.8.3的要求。

【解读】　本条除了从应急处置程序、现场处置措施、外部救援处置措施与应急物资装备配置等四个方面明确了现场应急处置措施的相关要求外,还给出了应急处置措施编制中应涉及的内容要点,确保施工合同段应急处置措施的合理性和应急物资装备的科学性。依据《生产安全事故应急预案管理办法》第十五条、《公路水运工程安全生产监督管理办法》第二十五条、《生产安全事故应急条例》第十三条、《生产安全事故应急预案管理办法》第三十八条、《建设工程安全生产管理条例》(国务院令第393号)第四十八条修订。

《生产安全事故应急预案管理办法》第十五条规定:"现场处置方案应当规定应急工作职责、应急处置措施和注意事项等内容。"

《公路水运工程安全生产监督管理办法》第二十五条规定:"施工单位应当依法建立应急救援组织或者指定工程现场兼职的、具有一定专业能力的应急救援人员,配备必要的应急救援器材、设备和物资,并进行经常性维护、保养。"

《生产安全事故应急条例》第十三条规定:"建筑施工单位,以及宾馆、商场、娱乐场所、旅游景区等人员密集场所经营单位,应当根据本单位可能发生的生产安全事故的特点和危害,配备必要的灭火、排水、通风以及危险物品稀释、掩埋、收集等应急救援器材、设备和物资,并进行经常性维护、保养,保证正常运转。"

《生产安全事故应急预案管理办法》第三十八条规定:"生产经营单位应当按照应急预案的规定,落实应急指挥体系、应急救援队伍、应急物资及装备,建立应急物资、装备配备及其使用档案,并对应急物资、装备进行定期检测和维护,使其处于适用状态。"

《建设工程安全生产管理条例》第四十八条规定:"施工单位应当制定本单位生产安全事故应急救援预案,建立应急救援组织或者配备应急救援人员,配备必要的应急救援器材、设备,并定期组织演练。"

示例——

1. 隧道瓦斯爆炸事故现场应急处置措施

(1)现场涉险人员的先期自救和互救措施

洞内人员立即俯卧倒地闭住气暂停呼吸,用湿物快速捂住口鼻,迅速使用自救器,在统一指挥下,沿着避灾路线迅速撤离现场,防止二次伤害。

(2)救援准备

①隧道一旦发生瓦斯爆炸,通风会补充灾后洞内氧气,构成二次爆炸的条

件,极可能引发后续瓦斯爆炸,故发生瓦斯爆炸后不能盲目进行通风,也不能盲目进入救援;

②隧道发生瓦斯灾害事故,救援环境恶劣复杂,次生灾害极易发生,一般的救援队无法承担瓦斯灾害救援任务,必须由专业的矿山救护队完成。

(3)救援作业

瓦斯爆炸后,施工单位应立即在现场设立安全岗哨,禁止人员进入危险区域,并启动应急预案,配合矿山救援队进行救援。

2. 船舶碰撞应急处置措施

(1)船舶的应急措施

①在碰撞发生前而又不可避免时,要根据当时情况采取倒车、操满舵、抛锚制动等应急措施,以减小碰撞时冲量,或避开要害部位,或减小碰角,尽可能地减小受损程度。

②碰撞发生后:本船船首撞入他船船体时,应开微速进车顶住对方破洞,尽力使破洞处于下风侧,还可用缆绳系住以防脱出,待确认脱开后不会大量进水而造成沉没时方可脱离;若对方损坏严重有沉没危险时,应立即脱离,避免其沉没时压住本船船头祸及本船的可能。

③本船船体被他船撞入时,应尽量把船停住,要求对方顶住破洞并使破洞处于下风侧,待检查确认脱开后不会大量进水而造成沉没时,方可同意对方脱离。

④如果附近有浅滩,被撞船有沉没危险时,应设法顶其抢滩或顶到浅滩附近由被撞船自力抢滩。

⑤发生碰撞后,船长或带班人指示驾驶员或轮机员立即检查本船有无人员伤亡,迅速查明碰撞部位的损坏情况,进水情况,油污染情况及程度,并尽快判明船舶是否处于紧急情况,是否需要救助。船长或带班人应迅速报告项目部事故发生的时间、地点、碰撞部位、受损程度,气象海况及对方船舶的有关情况等。如发生人员受伤,应先行组织自救。

⑥如对方船舶处于危急状态,应使用本船救生设备,尽力抢救对方船员及旅客。轮机部应根据船体进水部位的水量,采取相应措施,启动各种水泵进行排水抢救工作。如船舶进水严重,可选择适当的浅滩进行抢滩。轮机长应坚守机舱,组织轮机部人员保证主副机工作正常,针对机器和设备的受损情况,立即组织人员进行检查和抢修。

⑦因碰撞发生油污，按溢油事故应急措施操作。

⑧如情况紧急，船长可请求第三方的救助。船长应指示当值人员做好现场抢险的各项记录，并保存好原来的海图作业及相关海图，以便于事故的处理。

(2)栈桥或作业平台的应急措施

由于光线较弱、驾驶员疲劳作业或者受潮水影响船只失控等，船只可能与栈桥发生碰撞，导致栈桥垮塌或者船舶倾覆。

①施工现场值班人员发现船舶误入警戒范围内，有迹象发生险情时，应立即用一切可能的声、光等警示信号要求船舶采取转向、抛锚、滞航等措施避免事故发生。

②停止平台上所有施工作业，根据实际可能发生的险情，组织平台上作业人员做好相应应急准备。

③如发生通航船舶碰撞等突发事故，平台上现场值班人员须立即向项目部报告，同时组织人员及时撤离；项目部接到突发事故报告后，通知项目部成员、其他各部门、应急救援小组成员各司其职，同时向附近船舶发出求救信息；现场安全小组组织指挥水上抢险救护队，现场抢救伤亡人员、疏散平台上作业人员、搜救落水人员，如有可能再转移物资；项目部组织人员与事故船舶进行自救互救，救助过程中防止燃油泄漏造成污染。

④事故发生后，注意保护现场，及时向海事和航道等有关部门详细汇报，接受有关处理指示并准备材料与保险公司商谈事故理赔事宜，检查栈桥损坏、设备设施损失情况，对栈桥进行修复。认真总结经验，吸取教训。

⑤当发生船舶倾覆，人员落水时，须立即采用一切有效方式向海事搜救中心报告，并向工程相关指挥单位及部门汇报事故地点、船体破损、人员伤亡、货物受损情况、危急程度及紧急救援事宜等，同时我部应及时组织救援。

⑥桥上人员立即抛投救生圈或绳子，大声呼救，利用有效联络方法向就近动力船舶报告落水人员方位。如果夜间采用照明灯照射落水者，组织动力船舶及时搜救。现场负责人立即向本单位应急救助领导小组及救援部门报告。报告内容必须说明出事地点、时间、落水人员数量及详细情况。落水人员被救起后，应根据伤势情况及时送往医院救治，并提前通知救护车在码头接应。

8.4 注意事项

简述现场应急处置过程中现场安全防护、抢险救援设施设备使用、救援人员防护装备使用等方面应采取的自救互救、避免事故扩大等相关要求。

【解读】 本条是关于现场应急处置注意事项的有关要求,在明确应急工作职责和处置措施的前提下,应就现场安全防护、抢险救援设施设备使用、救援人员防护装备使用等方面应采取的自救互救、避免事故扩大等方面进行说明,进一步促进现场应急处置的科学性和合理性,依据《生产安全事故应急预案管理办法》第十五条修订。

《生产安全事故应急预案管理办法》第十五条规定:"现场处置方案应当规定应急工作职责、应急处置措施和注意事项等内容。"

示例——

顶升平台作业人员落水事故应急处置注意事项:

(1)救援人员需挑选水性较好,心理素质强的人员担任,不能随意指派;

(2)现场救援人员应做好个人防护,穿好救生衣或救生圈,系上安全绳;

(3)救援行动应有指挥人员并确定联系信号;

(4)救援人员必须听从指挥,不得有个人英雄主义行为;

(5)注意保护现场,便于调查分析事故原因;

(6)拨打救护车电话时应说明详细地址和受伤人员性别、主要受伤部位、意识是否清晰等,留下联系电话并保持畅通。拨打电话后,应由熟悉情况的人到最近的路口迎候。

8.5 应急处置卡

宜根据合同段现场应急处置岗位分工编制作业岗位应急处置卡,应包含但不限于以下内容:

a) 工程部位或作业环节;

b) 作业岗位名称;

c) 不同风险事件的应急处置措施;

d)　应急电话。

【解读】　本条是关于应急处置卡编制的有关要求,有利于增加现场人员安全意识,进一步提升突发事件情况下现场人员的应急处理能力,依据《生产安全事故应急预案管理办法》第十九条。

《生产安全事故应急预案管理办法》第十九条规定:“生产经营单位应当在编制应急预案的基础上,针对工作场所、岗位的特点,编制简明、实用、有效的应急处置卡。应急处置卡应当规定重点岗位、人员的应急处置程序和措施,以及相关联络人员和联系方式,便于从业人员携带。”

示例——

(1)隧道突泥涌水应急处置卡示例(内容仅供参考)

隧道突泥涌水应急处置卡示例见表 1-8-1。

隧道突泥涌水应急处置卡示例　表 1-8-1

风险事件描述	应急处置步骤措施	责任分工
公路隧道工程施工中由于地表雨水与地下岩腔及断层水系相通、存有大容量承压水体、地质构造复杂、发育岩溶裂隙水超压先兆分析判断不足等,易导致突泥涌水事故	1. 装备配备 (1)洞内设置大功率抽水站,其与掌子面的距离应能保证水流不能没顶,并预留 2m 的安全高度; (2)抽水站排水能力按设计最大突涌水量的 1.2 倍配置,水泵及管路应有富余备用,电源供电采用双回路; (3)洞口配置大功率备用排水设备。备用抽水机应配机架和减震装置等,形成移动式抽水站,并定期检查维护,保证能随时投入使用	综合协调组、技术支持组
	2. 救援(抽排水)作业 根据突涌水情况,采用以下方法组织对洞内遇险人员的救援: (1)突涌水量很快减小,可运用工程机械如装载机等进入洞内施救; (2)水量较大时,可待水情基本稳定后,组织救援人员乘橡皮艇进入洞内施救; (3)当发生小规模突泥或突水伴随大量砂石、淤泥沉积时,应采用搭设脚手架、铺垫木板或竹胶板等方法迅速开辟救援通道,进入洞内搜救; (4)救援人员应佩戴呼吸器等遇水作业专业器材	技术支持组、工程抢险组
	3. 人员施救 将人员运出,及时进行救治	工程抢险组

续上表

风险事件描述	应急处置步骤措施	责任分工
注意事项	(1)当预设的逃生管道失效或隧道内未预设逃生管道时，立即利用超前水平地质钻机钻设90～120mm氧气和食物的输送管道； (2)若要扩大应急救援，应做好救援前期准备工作，包括施工便道、救援工作面、动力电源、高压水、作业平台、混凝土、砂袋、钢支撑等相关设备设施	
应急联系方式	岗位班长： 值班班长： 运控中心： 检修人员： 其他：	

(2)桩水上运输溺水事故应急处置卡示例(内容仅供参考)

桩水上运输溺水事故应急处置卡示例见表1-8-2。

桩水上运输溺水事故应急处置卡示例　　表1-8-2

工程部位或作业环节	桩水上运输
作业岗位名称	水上运输班组
险情征兆	(1)出现大风、台风、大雾、潮汐等恶劣自然天气； (2)作业人员未按要求穿戴救生设施； (3)桩紧固不到位、堆放不平整； (4)涉及水域未设置浮标、警示灯带、安全警示标志； (5)船舶、机械设备带病运转、安全装置不全； (6)有高血压、心脏病、恐高症、晕船等病史和病症的人员带病在水上作业； (7)作业前未给作业人员进行安全教育、技术交底； (8)未按方案施工、野蛮施工、违章指挥、违章操作等； (9)船员无证上岗； (10)船上未配备救生设施或救生设施不足
应急处置方法	(1)随时关注天气预报，并密切监测天气情况，大风、台风、大雾、潮汐等恶劣自然天气下不得进行水上运输。 (2)发现船舶、机械设备等带病运转，安全装置不全时，需立即终止作业，人员撤离后联系相关人员维修。 (3)发生溺水时，不熟悉水性时可采取自救法：若佩戴腰带式救生衣，落水时要迅速抓住拉绳小球，用力向下拉动，要气囊充气，使自身漂浮。如果自动装置失灵，可拉动绳球进行手动充气(该阀是手动、自动双功能)。除呼救外，取仰卧位，头部向后，使鼻部可露出水面呼吸。呼气要浅，吸气要深，此时千万不要慌张，不要将手臂上举乱扑动，而使身体下沉更快。会游泳者，要保持镇静，采取仰泳位，然后慢慢游向岸边和船舶

续上表

<table>
<tr><td>应急处置方法</td><td colspan="4">(4)发现有人溺水时大声呼救,同时拨打内部应急小组及报警、急救电话。
(5)紧急情况下可将救生圈、木板等物抛给溺水者,若溺水者距离作业点、船舶不远,营救人员可向坠落溺水者抛投结实的绳索将其拉起。
(6)为水性较好的人员携带救生物品(救人员必须确认自身处在安全状态下)下水营救,营救时营救人员必须注意从溺水者背后靠近,抱住溺水者将其头部托出水面游至岸边或船舶。托运时通常采用侧泳或仰泳托运。
(7)抢救时注意受伤者全身受伤情况,有无休克及其他颅脑、内脏等合并伤。急救时应根据伤情抓住主要矛盾,首先抢救生命,着重预防和治疗休克。
(8)等待医护人员时,应对不能自主呼吸或休克的伤者先进行急救,先将溺水吸入的水倒出后及时进行人工呼吸、心肺复苏</td></tr>
<tr><td colspan="5">应急联系方式</td></tr>
<tr><td rowspan="2">内部</td><td>项目经理</td><td>项目书记</td><td>安全分管领导</td><td>生产副经理</td></tr>
<tr><td>××</td><td>××</td><td>××</td><td>××</td></tr>
<tr><td rowspan="2">外部</td><td>报警电话</td><td>急救电话</td><td>××医院</td><td>××水上搜救中心</td></tr>
<tr><td>××</td><td>××</td><td>××</td><td>××</td></tr>
</table>

第 2 篇　应急预案编写操作示例

示例 1　项目综合应急预案编制示例

1　总则

1.1　编制依据

《中华人民共和国突发事件应对法》;

《中华人民共和国安全生产法》;

《生产安全事故应急条例》;

《生产安全事故报告和调查处理条例》;

《公路水运工程生产安全事故应急预案》;

《生产安全事故应急预案管理办法》;

《企业职工伤亡事故分类》(GB 6441—1986);

《生产过程危险和有害因素分类与代码》(GB/T 13861—2009);

《公路水运工程生产安全事故应急预案编制要求》(JT/T 1405—2022)。

项目属地负有安全生产监督管理职责的交通运输管理部门、应急管理部门等相关单位的应急预案等。

1.2　适用范围

本预案适用于××高速公路工程在施工周期内发生的施工生产安全事故的应急处置工作。

1.3　应急预案体系

××高速公路工程生产安全事故应急预案体系由项目综合应急预案、合同段施工专项应急预案或现场处置方案组成,预案体系见图 2-1-1。

项目综合应急预案是建设单位(××公司)制定的综合性工作方案,指导工程项目开展生产安全事故风险防控、应急准备、监测与预警、应急处置与救援以及事后恢复与重建等工作。

合同段施工专项应急预案是各施工单位根据项目综合应急预案,对合同段单位工程或分部分项工程存在的不同事故情景,根据高处坠落、物体打击、机械伤害、火灾、坍塌等事故情景制定的专项工作方案。

现场处置方案是各施工单位根据合同段不同生产安全事故类型情景,针对具体的工程部位、作业环节和设施设备等制定的应急处置措施。风险等级较小或事故类型简单的合同段，施工单位可只制定现场处置方案。

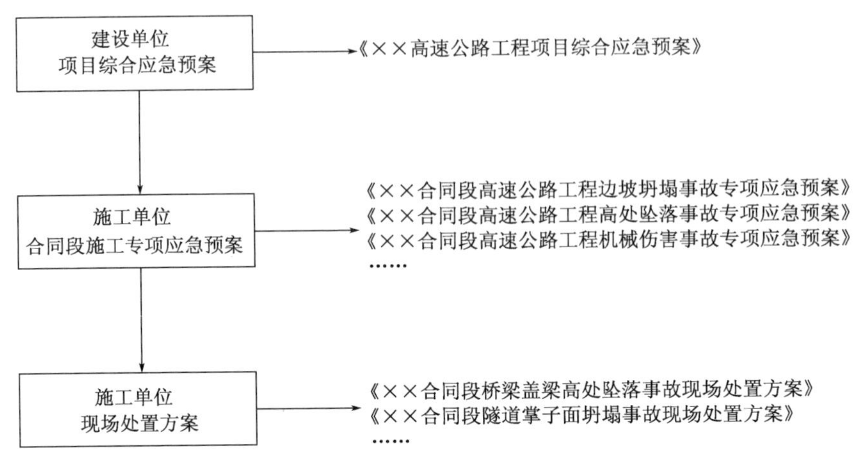

图 2-1-1　××高速公路工程应急预案体系

2　风险事件描述

根据本工程施工安全风险评估结果，本工程存在较大及以上等级的风险有：××桥梁、××隧道、××高边坡、××场站。可能导致的事故类型有：模板、支架等支撑体系坍塌，隧道、边坡、基坑等坍塌，高处坠落、起重伤害、物体打击、触电等。

3　应急组织机构

××高速公路工程项目设立应急领导小组，下设应急领导小组办公室。应急启动后，应急领导小组根据应急工作实际需要设立综合协调组、技术支持组、工程抢险组、善后处置组4个应急工作组。组织体系见图2-1-2。

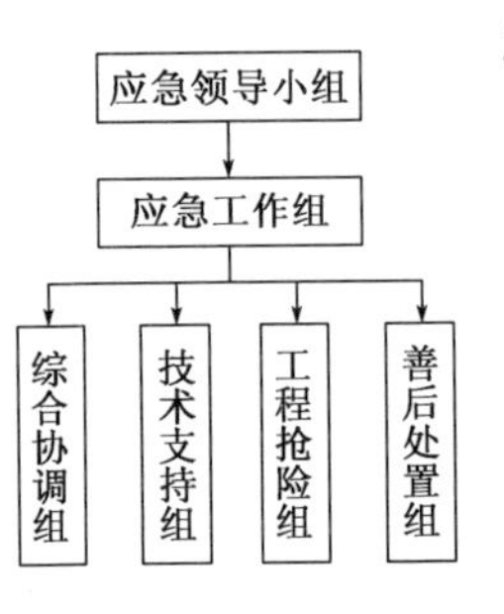

图 2-1-2　应急组织机构图

3.1　应急领导小组

应急领导小组是生产安全事故的管理协调指挥机构，全面负责××高速公路工程项目应急管理工作。

组长：建设单位党委书记、董事长

常务副组长：建设单位总经理

副组长：建设单位总工程师、副总经理、安全总监

成员：建设单位各部门负责人及各施工单位负责人

主要职责：

(1)贯彻落实地方人民政府和交通运输部关于公路工程生产安全事故应急管理的各项部署、措施和要求;

(2)审定××高速公路工程项目相关应急预案及应急经费预算;

(3)负责组织事故抢险救援工作,启动和组织灾情、险情应急响应,指导应急处置工作、发布指挥调度命令;

(4)协调、组织和搜集应急所需的其他资源,指挥调度临近合同段间工程抢险救援应急物资、设备和救援队伍;

(5)配合地方人民政府、上级单位应急指挥机构做好事故相关的处置、调查等工作。

3.2 应急工作组职责

(1)综合协调组

组长:安全管理部部长

成员:安全管理部、相关施工单位人员

职责:负责与政府及有关部门的沟通联系;保持与各应急工作组的信息沟通及工作协调;及时向上级领导或有关部门报告事故情况及发展情形;组织调度应急队伍、应急物资的;负责应急领导小组交办的其他工作。

(2)技术支持组

组长:技术管理部部长

成员:技术管理部、相关施工单位人员

职责:从技术层面辨识应急救援过程中的危险、有害因素,并进行安全风险评估,确定灾害现场监控量测方式;根据事故现场的特点,制定相应的应急救援技术措施和应急救援步骤;提供事故发生区域的图纸及场地信息,为应急响应提供科学、准确的依据,防止发生二次伤害事故;负责应急领导小组交办的其他工作。

(3)工程抢险组

组长:工程管理部部长

成员:工程管理部、相关施工单位人员

职责:科学合理地提出应急物资、设备、应急队伍配备建议;组织抢救现场伤员及现场物资;协调重要物资、抢险救援人员及伤(病)员的应急通行保障工作;负责应急领导小组交办的其他工作。

(4)善后处置组

组长:人力资源部部长

成员:人力资源部及相关建设单位人员

职责:负责事故善后处置工作;配合地方人民政府组织的有关事故调查;开展伤亡人员家属的安抚、补偿、理赔工作;承办应急领导小组交办的其他工作。

4 预警信息

4.1 监测预警

建立监测预警信息系统,责成工程管理部门对监测预警信息进行管理及传达,风险分级管控及隐患排查治理等安全管理制度、重大危险源定期检测制度及安全生产事故隐患排查治理制度等管理制度,采取专人监测、在线监测、自动化控制等安全运行控制措施,明确每个岗位及管理人员在出现异常情况时的报告、反馈和处置措施,有效管控危险源的触发因素及扩大因素。

4.2 预警信息来源

(1)项目所在地市级、县级人民政府通过新闻媒体、网络等公开渠道发布的气象灾害、地质灾害等预警信息;

(2)气象、国土、应急、交通、水文、电力、环保、地震等部门及上级部门通过通告、通报、专报、文件等形式告知的相关预警信息;

(3)事故征兆[如:隧道监测数据超过允许值,出现裂缝、掉块、涌水或突泥等征兆;高边坡监测数据超过允许值,出现崩塌、坍塌、滑坡迹象;基坑(槽)出现渗水、涌沙、落渣等征兆;支架监测数据超过规定值,出现地基沉降、脚手架变形倾斜等征兆];

(4)其他各类安全生产突发事件险情。

4.3 预警级别

根据可预警的自然灾害信息,以及已发生的或潜在的生产安全事故特点、性质、危害程度、发展态势、紧急程度和影响范围等,将预警级别由低到高划分为蓝色、黄色、橙色、红色四个预警级别。

蓝色预警:自然、地质灾害类对应所在县级及以上政府主管部门发出的蓝色预警;施工类对应各类临时结构、主体结构关系结构安全的监测指标出现蓝色预警。

黄色预警:自然、地质灾害类对应所在县级及以上政府主管部门发出的黄色预警;施工类对应各类临时结构、主体结构关系结构安全的监测指标出现黄色预警。

橙色预警:自然、地质灾害类对应所在县级及以上政府主管部门发出的橙色预警;施工类对应各类临时结构、主体结构关系结构安全的监测指标出现橙色预警。

红色预警:自然、地质灾害类对应所在县级及以上政府主管部门发出的红色预警;施工类对应各类临时结构、主体结构关系结构安全的监测指标出现红色预警。

4.4　发布部门、方式、对象

根据预警影响范围,预警信息由应急办公室通过电话、短信、微信、邮件等方式通知相关施工单位或发布到一定范围。蓝色、黄色预警信息由值班人员直接发布;橙色预警由值班人员电话报请应急领导小组常务副组长后发布;红色预警由值班人员电话报请应急领导小组组长后发布。

预警信息主要内容包括预警级别、起始时间、终止时间(如有)、可能影响范围、警示事项、应采取的措施和发布机关等。

4.5　预警信息收集和防控措施

接收到预警信息后,根据预警级别,应急领导小组采取下列一项或者多项措施:

(1)应急领导小组办公室及时收集、报告有关信息,加强自然灾害、地质灾害、事故征兆、生产安全事故事件发生、发展情况的监测、预报和预警工作;

(2)成员单位进入待命状态,准备随时开展应急处置工作;

(3)对事态发展作出判断,并提供决策建议;

(4)调集应急处置和救援所需物资、设备、工具,准备应急设施和避难场所,确保其处于良好状态、随时可以投入正常使用;

(5)及时向事发单位发布有关避免或减轻危险的措施建议和提示,采取必要措施,防止事故危害扩大和次生、衍生灾害发生;

(6)其他有必要的防控措施。

4.6　预警解除

当预警终止时间可预见时,应在预警信息中标明终止时间,到期后自行解除,不再单独通知解除。当预警终止时间不可预见时,应按照预警信息发布程序、权限和方式,在预警条件取消后予以解除。

5　事故报告

5.1　信息上报

生产安全事故发生后,事故现场负责人立即向施工单位负责人报告,单位负责人接到报告后,迅速掌握实情,于 1 小时内将事故情况如实向事发地县级人民政府应急办和应急管理局报告,同时报建设单位。情况紧急时,事故现场有关人员可以直接向事发地县级人民政府应急办和应急管理局报告。

建设单位接到施工单位事故报告后,快速核实有关情况,于 1 小时内向所在地人民政府应急管理部门、交通运输部门及上级单位报告。

事故信息报告分首报、续报、终报。首报要快,续报要准,终报要实。情况紧急时,可先行电话快报,再递呈文字信息,先简要报告,后定期续报。当事故发生显著变化或取得重大进展时,要及时续报、补报。应急处置结束后,要报综合情况。

5.2　报告内容

首报要素包括:事故发生单位概况;事故发生的时间、地点以及现场情况;事故的简要经过(包括应急救援情况);事故已经造成或者可能造成的伤亡人数(包括下落不明、涉险的人数)和初步估计的直接经济损失;已经采取的措施;其他应当报告的情况。

续报要素包括:事态及处置的最新进展、事件衍生的最新情况、请求当地人民政府和上级部门协助解决的事项、领导批示指示的贯彻落实情况等。

终报要素包括:事故基本情况,原因分析,处置过程,造成的结果,责任划分与处理、教训与预防措施等。

6　应急响应

6.1　响应分级

根据国务院制订的事件分级标准、××市政府和上级单位的应急响应分级,结合××高速公路工程实际,依据生产安全事故的可控性、可能造成的危害程度、影响范围、紧急程度和发展态势,将应急响应级别划分为两级:Ⅰ级响应、Ⅱ级响应。

6.1.1　Ⅰ级响应情形

符合下列情形之一的启动Ⅰ级响应:

(1)接收或发布红色预警;

(2)初判造成或可能造成1人及以上死亡(失踪)的生产安全事故;

(3)初判造成或可能造成3人及以上重伤的生产安全事故;

(4)事故后果超出××高速公路工程项目处置能力,需要由地方人民政府或上级单位指导与支持的;

(5)地方人民政府或上级单位发出应急指令的。

6.1.2　Ⅱ级响应情形

符合下列情形之一的启动Ⅱ级响应:

(1)接收或发布橙色预警;

(2)发现重大事故隐患并可能随时发生事故灾害的;

(3)接到公共信息部门预报可能发生自然灾害影响施工单位生产的;

(4)初判造成或可能造成1人及以上重伤的生产安全事故。

6.2　响应启动

6.2.1　Ⅰ级响应程序

(1)应急办公室值班人员接到预警信息、上级单位应急指令或生产安全事故信息报告后,及时核实有关情况,报应急办公室主任;

(2)应急办公室主任向应急领导小组提出启动Ⅰ级应急响应建议;

(3)应急领导小组组长下达启动命令,签发Ⅰ级应急响应启动文件;

(4)应急办公室即时将应急响应启动文件报送交通运输部门、应急管理部门、上级单位;同时向××公司各职能部门、事发单位下发应急响应启动文件,并电话确认接收;

(5)各应急工作组根据本预案规定的职责开展应急工作;

(6)应急领导小组组长赶赴现场组织救援处置。

6.2.2　Ⅱ级响应程序

(1)应急办公室值班人员接到生产安全事故信息报告、预警信息或上级单位应急指令后,及时核实有关情况,报应急办公室主任;

(2)应急办公室主任向应急领导小组提出启动Ⅱ级应急响应建议;

(3)应急领导小组常务副组长下达启动命令,签发Ⅱ级应急响应启动文件;

(4)应急办公室即时将应急响应启动文件报送省交通运输厅、省厅重点办、上级单位和事发地人民政府应急办和应急管理局;同时向××公司各职能部门、事发单位下发应急响应启动文件,并电话确认接收;

(5)各应急工作组根据本预案规定的职责开展应急工作;

(6)应急领导小组常务副组长赶赴现场组织救援处置;

(7)Ⅱ级应急响应启动后,发现事态扩大并符合Ⅰ级应急响应条件的,按照前款规定及时启动Ⅰ级应急响应。

6.3　处置措施

6.3.1　处置原则

应急处置遵循“以人为本、生命至上、科学施救”原则,要将人民群众生命安全放在首位,要加强与地方政府及应急、医疗、公安等专业救援力量的沟通、协调,切忌盲目施救、非专业施救,确保不发生次生事故。

6.3.2　先期处置

事故发生后,事发施工单位应立即组织力量采取疏散撤离、警戒保护、营救伤员等处置措施,防止事故扩大和次生、衍生灾害发生。

应急领导小组到达事发现场后,要听取事发单位汇报事故现场详细情况,开展事故险情会商，分析研判形势，研究制定救援方案和保障方案，并根据现场发展态势及时调整救援方案，全力确保被困人员、施救人员的生命安全。现场处置应注意以下事项：

(1)研究制定救援方案时，要对施工组织方案、施工工艺流程、被困人员数量及身体状况、事故具体地点、逃生设施布置、现有救援力量等情况全面了解；要充分听取现场施工人员汇报和意见；要征求专家意见。

(2)救援过程中，应急救援人员必须正确佩戴个人防护器具，无特殊情况不得摘取；指挥人员、应急救援人员应密切关注现场安全环境的变化，及时采取处置措施。

(3)应急救援结束后，所有人员必须立即撤离现场，远离事发地点，并应清点人员。

6.3.3　扩大应急

(1)当事故未得到有效控制，应急领导小组组长应向上级单位或地方人民政府提请支援帮助。

(2)事故升级，地方人民政府或上级单位应急指挥机构领导赶到现场后，应急领导小组按照要求汇报事故相关情况；按照要求移交指挥权，服从地方人民政府或上级单位应急指挥机构的指挥，内部应急处置力量全力配合救援工作。

6.4　响应终止

当地方人民政府或上级单位发出宣布事故应急响应终止指令，或事故得到有效控制、处置工作基本完成，次生、衍生危害被基本消除时，应急领导小组按照“谁启动，谁终止”的原则，提出终止响应或降低应急响应，并做好各项工作交接，后续工作由事发单位组织应对。

7　善后处置

7.1　救治赔偿

积极配合相关机构做好受伤人员的医疗救治、工伤鉴定工作；按照相关政策规定，对应急救援队伍和应急处置工作人员给予补助或补偿；对紧急调集、征用有关单位及个人的物资进行归还并给予补偿；对需要理赔事宜向保险公司申请理赔。

7.2　恢复重建

对现场的隐患进行彻底清除，对损坏的设施、设备进行修复，尽快恢复生产秩序，消除事故后果和影响，减少事故造成的损失。在恢复生产过程中要加强安全管理，确保安全投入，认真落实全员安全生产责任，制定确实可行的安全措施，防止事故再次发生,对污染物进行处理,营造文明清洁的项目施工生产环境。

7.3　事故调查

根据事故调查权限,积极配合地方人民政府组织的事故调查工作,按照“四不放过”的原则,认真查清事故经过,分析事故原因,深刻吸取事故教训,制定事故防范措施,防止类似事故再次发生。

7.4　总结评估

总结事故发生的直接原因与间接原因,深刻吸取事故教训,组织召开救援工作总结会,全面从预案的预防机制、应急响应、保障措施等各方面进行分析总结,找出成功的经验和失败的教训,提出改进救援工作的建议。

8　应急保障

8.1　通信信息保障

××公司建立事故应急救援通信网络,确保通信线路通畅,根据事故现场情况充分利用各种通信工具(手机、网络),确保信息上通下达。建立全体参与应急处置人员通信录,保持通信畅通。

各施工单位应将当地人民政府应急办和应急管理部门联系方式编入本单位的应急值班表,并每半月核对更新,及时上报应急办公室。

8.2　应急队伍保障

××公司根据应急处置需要和自身实际,采取专职与兼职相结合的方式,统筹规划应急队伍建设。建设、管理安全生产与应急技术专家库,为事故预防、分析评估、现场救援及灾后重建等提供咨询意见。

各施工单位建立与生产安全事故应急处置实际需要相适应的应急队伍,定期开展应急救援知识宣讲和应急救援设备实操培训工作。鼓励与专业应急救援队签订应急处置协议,进一步提高应急处置能力。

8.3　物资装备保障

××公司按照“统一规划、布局合理、租购结合、规模适当”的原则,统筹规划应急物资储备体系,督促、指导各施工单位按照物资储备标准或应急资源,依托现有资源,采用实物储备和协议储备方式,建立应急物资储备库。

各施工单位应根据事故易发季节、危险源分布情况,配备应急专用的防护工具用品、应急器材和抢险物资等,具体种类由各单位根据项目主要风险类别确定,数量根据危险性质、危险程度及周围环境的实际情况足量配备。

8.4 经费保障

××公司建立健全应急资金保障制度，将应急经费纳入公司预算管理，为应急处置工作提供必需的资金保障。

各级用人单位按规定为职工投保工伤保险，为涉及高危作业人员投保安全生产责任险等相关险种。

各施工单位按照公路工程安全生产费用管理办法的相关规定，在财务管理中单独列支安全生产费用，专款专用，不得挪用或挤占。

8.5 其他保障

8.5.1 交通运输保障

××公司公务车辆在应急预案启动后，立即转为应急专用车辆，受应急领导小组的统一调度指挥，负责应急救援队伍、装备、物资的运送工作。工程抢险组要配合属地交通运输主管部门、公安交管部门对事故现场周边道路进行交通管制，协助开通应急救援“绿色通道”，保证应急救援车辆以最快的速度到达事故现场。

8.5.2 治安保障

安全保障组负责事故现场的安全保卫，人员的疏散，将危险区域的人员进行疏散，转移到安全地带，并做好安全警戒工作。配合公安部门做好事故现场保护工作，阻止无关人员进入事故现场，当出现危及周边单位和抢救人员的险情时，组织人员和物资的疏散工作。

8.5.3 医疗保障

根据事故现场情况，及时联系属地医疗机构求救，同时组织救援队伍在现场安全地带采取可行的应急抢救，如现场包扎止血等措施，防止受伤人员因流血过多而死亡；对呼吸、心跳停止的伤员进行心肺复苏抢救。

8.5.4 后勤保障

后勤保障组统计事故抢险救援及事故调查工作人员数量及组成，做好生活保障、食宿安排等后勤服务工作，提供必要的办公用品、生活用品等；安排相关人员交通车辆安排，做好会议组织、会议室布置。

9 应急预案管理

9.1 应急预案培训

采取多种形式组织开展应急预案的宣传教育，比如定期或不定期举办应急管理和救援人员培训班、将应急预案培训纳入项目和合同段安全生产培训工作计划等方式，向××公司干部员工和施工单位管理人员开展项目预案体系、应急组织机构、预警信息、应急响应、应急保障等培训，向现场作业人员普及事故预防、避险、自救、互救、减灾、逃生等基本知识和技能，提高从业人员的安全意识以及应急处置技能。

9.2　应急演练

为检验预案的科学性、合理性和可操作性，保证预案有效实施并不断完善，应通过桌面推演、实战演练等多种形式开展应急演练。××公司每年至少组织一次项目综合应急预案演练。施工单位每年至少组织一次合同段施工专项应急预案演练，每半年至少组织一次现场处置方案演练。应急演练结束后，演练组织单位应当对应急预案演练效果进行评估，撰写应急预案演练评估报告，分析存在的问题，并对应急预案提出修订意见。鼓励委托第三方安全应急服务机构进行应急演练策划、评估。

9.3　应急预案修订

根据具体生产条件、自然灾害的种类和危害程度，适时对项目综合应急预案、合同段施工专项应急预案及现场处置方案进行修订、补充和完善。有下列情形之一的，应当及时修订应急预案：

(1)依据的有关法律、法规、规章、标准及上位预案中的有关规定发生重大变化的；

(2)应急组织机构及其职责发生调整的；

(3)面临的施工安全风险发生重大变化的；

(4)重要应急资源发生重大变化的；

(5)预案中的其他重要信息发生变化的；

(6)在应急演练和事故应急救援中发现问题需要修订的；

(7)其他认为应当修订的情况。

9.4　应急预案备案

项目综合应急预案向地方人民政府负有安全生产监督管理职责的部门和上级单位备案。

合同段施工专项应急预案或现场处置方案向属地应急管理局、××公司和上级单位备案。

10　附件

应急预案附件应包含但不限于以下方面的内容：

a)　内部应急机构、人员通讯录；

b) 外部社会救援机构的联系方式;

c) 应急资源的清单与分布图;

d) 现场疏散路线、救援队伍行动路线等关键的路线;

e) 现场集结点、警戒范围与重要地点等标识;

f) 附近交通图、医院地理位置图和路线图等图纸;

g) 与相关应急救援部门签订的应急救援协议或备忘录(如有)。

示例2 合同段施工专项应急预案编制示例

示例2.1 公路工程——隧道坍塌事故专项应急预案示例

1 适用范围

本预案适用于××高速××标段隧道坍塌事故应急处置。

2 风险事件描述

××项目××合同段主要由××和××两段隧道组成,其中××隧道为长隧道,××隧道为特长隧道,均采用喷锚暗挖法施工。在公路隧道工程施工中由于未按照标准规范或专项施工方案进行开挖、支护,开挖方法选择不当,开挖循环进尺过大、支护不及时,安全步距超标、超前地质预报不准确等原因,在隧道洞口施工、隧道未成洞段(二衬未完成段)和掌子面极易导致坍塌事故发生。

结合本项目安全风险评估报告等资料,从围岩等级、断层破碎带、渗水状态、地质符合性、施工工法和步距等指标评估得出,隧道发生坍塌事故风险等级为Ⅲ级,易造成人员伤亡,财产损失,严重时还会危及周边建筑及群众,后果较为严重。

3 应急组织机构

为加强应对突发事故,提高应急救援效率,项目经理部成立隧道工程坍塌事故专项应急领导小组,应急领导小组下设综合协调组、信息发布组、工程抢险组、技术保障组、后勤保障组、善后处置组和安全保卫组,并设置24小时值班室。

3.1 应急组织机构组成

项目经理、项目书记任应急领导小组组长,副组长由项目副经理及安全总监担任,组员由项目经理部有关人员担任。应急工作值班室设在安全管理部,24小时值班电话:×××××××。一旦发生坍塌事故,应急领导小组及相关人员立即赶赴现场,组织指挥应急救援。应急组织机构如图2-2-1所示。

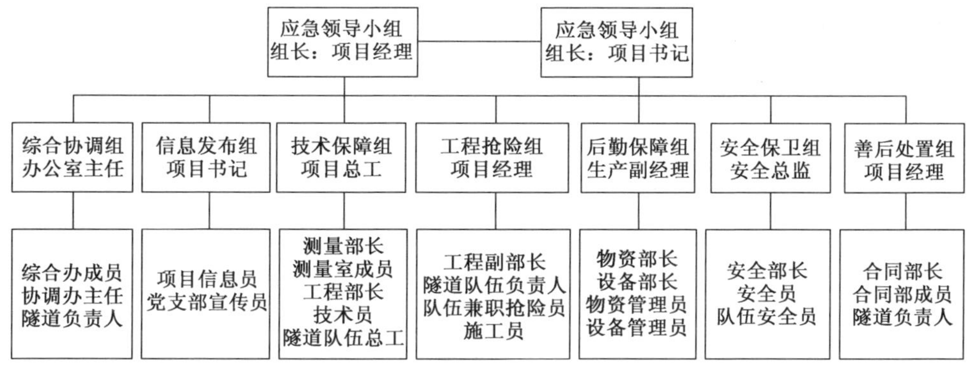

图2-2-1　应急组织机构图

3.2　应急组织及职责

3.2.1　应急领导小组

(1)接受政府主管部门、建设单位应急指挥中心领导,落实相关指令。

(2)组织制(修)定项目部隧道坍塌事故专项应急预案及现场处置方案。

(3)在应急处置过程中,研究、制定隧道工程坍塌事故应急救援方案,及时上报有关应急响应情况,负责向当地政府、建设单位请求应急资源支持。

(4)审核事故上报信息,当发生隧道工程坍塌事故时,第一时间将事故信息上报建设单位应急领导小组办公室,同时向事故发生地县级以上人民政府安全生产监督管理部门和负有安全生产监督管理职责的有关部门上报及上级单位报告。

(5)组织本合同段隧道工程坍塌事故专项应急培训及演练。

(6)确保本合同段应急救援装备、器材配置到位。

3.2.2　应急领导小组组长

(1)全面负责本合同段应急领导小组工作。

(2)组织编写、审定本合同段隧道工程坍塌事故专项应急预案及现场处置方案。

(3)Ⅳ级响应状态下,全面领导负责本合同段应急救援工作;Ⅲ级响应状态下,在建设单位应急指挥中心的监视下领导负责本合同段隧道工程坍塌事故应急救援工作;Ⅱ级及以上响应状态下,成为建设单位应急指挥中心应急救援小组成员。

(4)审定信息上报材料。

(5)在当地政府和建设单位启动相关应急预案情况下,服从当地政府和建设单位应急指挥中心的指挥。

(6)组织本合同段应急预案演练。

(7)审定本合同段应急救援装备、器材配置及购置、应急培训及演练费用。

3.2.3　综合协调组

组长职责:

(1)负责与外部救援力量、地方政府相关部门等协调救援及事故调查处理工作。

(2)协调项目经理部各部门之间、项目经理部与建设单位之间、项目经理部与当地政府之间的工作配合。

(3)协调安排救援人员、车辆、物资、资金等。

(4)完成应急领导小组安排的其他任务。

3.2.4　信息发布组

组长职责:

(1)负责事故信息的收集、发布、舆情引导等工作。

(2)协助建设单位应急指挥中心新闻发布小组对外联络、沟通和信息发布工作。

(3)确保与公司、项目经理部及外部联系通畅、内外信息反馈及时、迅速。

(4)负责应急过程的记录与整理、现场影像资料收集。

3.2.5　技术保障组

组长职责:

(1)根据现场具体情况制定救援方案,负责提供工程抢险实施性技术方案支持工作。

(2)负责分析本合同段施工区域气象、地质等各种灾害信息,及时上报应急领导小组和建设单位应急指挥中心。

(3)分析救援现场各种数据,为抢险救援人员安全防护等提供技术支撑。

(4)完成应急领导小组安排的其他任务。

3.2.6　工程抢险组

组长职责:

(1)主要负责事故现场人员搜救及隧道工程本身抢险工作。

(2)根据事故发展态势,制定具体的应急救援措施,报应急领导小组和建设单位应急指挥中心决策。

(3)根据应急领导小组和建设单位应急指挥中心下达的指令,在对事故现场、地形、设备、工艺等熟悉的情况下,在做好防护措施的前提下,组织开展应急救援工作,防止事故扩大,降低事故损失。

(4)保持抢险救援通道的畅通,引导抢险救援人员及车辆的进出。

(5)完成应急领导小组安排的其他任务。

3.2.7 后勤保障组

组长职责:

(1)负责应急处置工作中的工程抢险通信、物资、人员、设备、资金等资源的后勤保障工作。

(2)负责应急救援行动中相关人员的食宿保障。

(3)完成应急领导小组安排的其他任务。

3.2.8 安全保卫组

组长职责:

(1)负责事故现场的秩序维护、安全保卫、警戒等工作。

(2)维持事故现场治安,按事故的发展态势有计划地疏散人员,对事故区域边界进行交通管制。

(3)抢险救援结束后,封闭坍塌事故现场,直到收到明确解除封锁指令。

(4)完成应急领导小组安排的其他任务。

3.2.9 善后处置组

组长职责:

(1)负责事故伤亡人员医疗救护及善后处理工作。

(2)负责安抚死亡、受伤人员家属情绪,落实项目经理部、建设单位对遇难者家属的善后处理指示,做好事故保险理赔工作。

(3)协助建设单位应急指挥中心总结评估小组开展事后总结评估工作。

(4)完成应急领导小组安排的其他任务。

4 处置程序

4.1 信息报告

4.1.1 报告程序

(1)隧道工程坍塌事故发生后,事故现场有关人员应立即向合同段项目负责人报告,合同段项目负责人电话报建设单位应急指挥领导小组办公室(24小时值班电话:××××××××),同时向上级单位及事故发生地县级以上人民政府安全生产监督管理部门和负有安全生产监督管理职责的有关部门上报(最晚不超过接到报告后1小时)。

(2)紧急情况下,事故现场有关人员可直接向上级单位及事故发生地县级以上人民政府安全生产监督管理部门和负有安全生产监督管理职责的有关部门上报。

事故报告流程见图2-2-2。

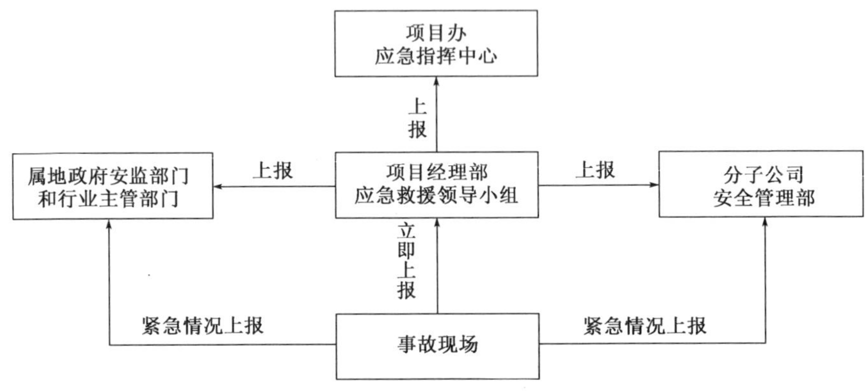

图2-2-2 事故报告流程图

4.1.2 报告内容

(1)事发项目简要概况;

(2)事故发生的时间、地点以及事故现场情况;

(3)事故的简要经过;

(4)事故已经造成或者可能造成的伤亡人数(包括下落不明的人数),已经或者可能影响的范围和程度,初步估计的直接经济损失;

(5)事故可能引起的间接影响,包括公众关注、媒体关注等;

(6)已经采取的措施;

(6)报告人(或单位)姓名(或名称)、联系方式;

(7)其他应当报告的情况。

4.1.3 报告方式

事故报告可通过电话、纸质汇报材料、邮件、传真等方式,采用逐级上报、直接报告、异地报告、统计报告或举报等方式进行报告。

4.2 应急响应

4.2.1 响应分级

Ⅰ级预警:表示安全状况特别严重,Ⅰ级预警适用范围为:可能造成一人及以上死亡,或者3人以上重伤,或者直接经济损失≥30万元,或者被困有生命危险的职工在5人以上的安全事故。

Ⅱ级预警:表示受到事故的严重威胁,Ⅱ级预警适用范围为,可能造成2人(含2人)重伤,或者10万元≤直接经济损失<30万元,或者被困有生命危险的职工在2人以上。

Ⅲ级预警:表示处于事故的上升阶段,规定Ⅲ级预警适用范围为,可能造成1人重伤,或者2万元≤直接经济损失<10万元,或被困有生命危险的职工1人且本项目部应急救援队伍能够达到救援目的的事故。

Ⅳ级预警:表示处于事故的初始阶段,规定Ⅳ级预警适用范围为,可能造成人员受伤,或者直接经济损失<2万元,或被困有职工3人以下但无生命危险且本项目部应急救援队伍能够达到救援目的的事故。

4.2.2　响应程序

应急领导小组组长初步判断应急响应级别。在同一时间电话报建设单位应急指挥中心,必要时在同一时间向事故发生地相关部门(公安、医院、消防)报警。尽快以书面形式上报建设单位应急指挥中心,同时向上级单位及向事故发生地县级以上人民政府安全生产监督管理部门和负有安全生产监督管理职责的有关部门上报。

隧道工程发生坍塌事故后,若初步判断为Ⅳ级响应,应急领导小组组长启动应急预案并指挥应急救援工作,若初步判断为Ⅲ级响应,在建设单位应急指挥中心的监视下应急领导小组组长启动应急预案并指挥应急救援工作,若初步判断为Ⅱ级及以上,由建设单位应急指挥中心启动应急预案并指挥应急救援工作。

特殊情况下如相关责任人不在岗,宣布启动应急预案授权优先级依次为组长→副组长→技术保障组组长→后勤保障组→安全保卫组→综合协调组。

应急响应流程见图2-2-3。

4.2.3　响应终止

4.2.3.1　响应终止条件

以下条件同时满足时应急行动方可终止:

(1)事故伤害人员得到救治(或送医救治)。

(2)被疏散的人员处于安全场所。

(3)现场险情(含环境污染)得到有效控制。

(4)次生、衍生危害被基本消除。

4.2.3.2　响应终止程序

满足终止条件时,由工程抢险组组长向应急领导小组提出应急响应终止建议,应急领导小组决定是否终止应急响应状态。如确定终止响应,发布终止指令,同时终止信息上报(主管部门另有要求的除外)。应急工作小组负责通知有关单位。

政府主管部门主导的应急响应的终止,由其发布终止指令。

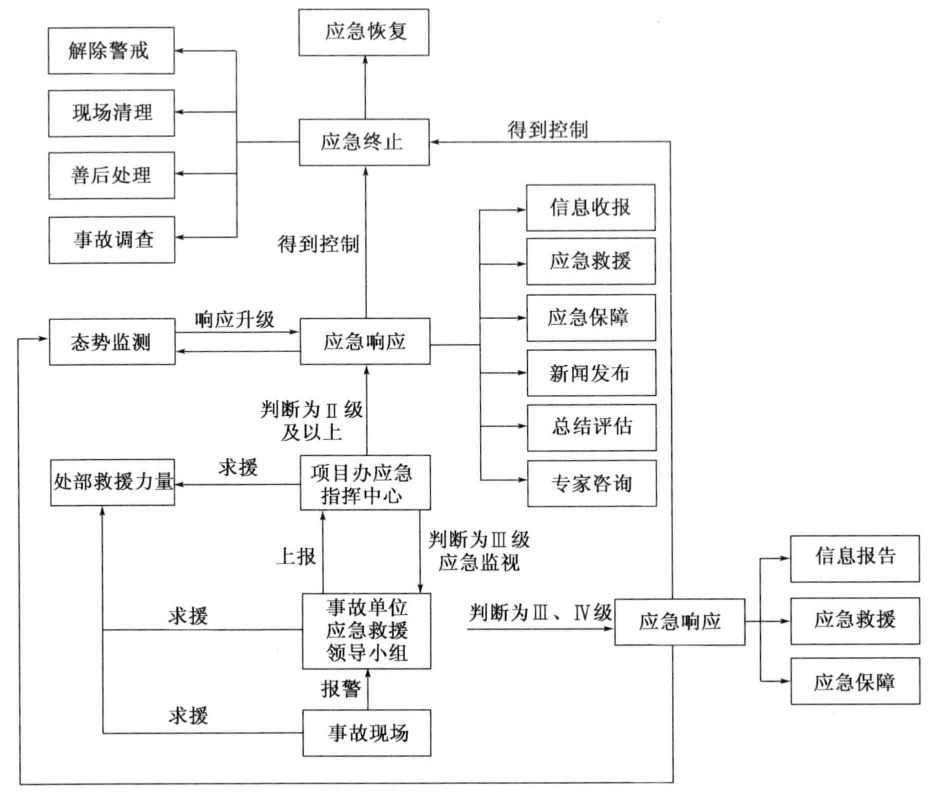

图 2-2-3　应急响应流程图

5　处置措施

5.1　应急处置原则及要求

(1)以人为本、安全第一。始终把保障作业人员的生命安全和身体健康放在首位,切实加强应急救援人员的安全防护,最大限度减少事故造成的人员伤亡。

(2)职责明确、各尽其责。事故发生后,明确各小组人员应急救援过程中的职责,落实应急救援责任,高效开展应急救援工作。

(3)相互协调、快速反应。各小组成员相互配合,保证事故信息及时报告、准确传递、快速处置,在第一时间启动相应的应急预案。

(4)依靠科学,依法规范。遵循科学原理,依靠科技进步,采用先进的应急救援装备、设施和手段,依法规范应急救援工作。

(5)预防为主,平战结合。认真贯彻安全第一,预防为主,综合治理的基本方针,坚持突发事件应急与预防工作相结合,重点做好预防、预测、预警、预报和常态下风险评估、应急准备、应急队伍建设、应急演练等多项工作。确保应急预案的科学性、权威性、规范性和可操作性。

5.2　应急处置措施

5.2.1　当出现下列情况时,说明隧道存在坍塌征兆,现场作业人员须立即通知项目部现场带班人员:

(1)监测设施所反映的围岩变形速率或数值超过允许范围;

(2)喷混凝土产生纵横向的裂纹或龟裂;

(3)隧洞顶拱、侧墙发现掉块或支撑间隙不断漏出碎石等;

(4)支撑变形或折断;

(5)岩石的层理、节理缝、裂隙等变大或张开;

(6)隧洞渗水、滴水突然加剧或变浑。

5.2.2　当事故已经发生险情,且造成人员被埋、被压、被堵等情况时,应急救援领导小组除立即报告建设单位及分公司外,应保护好现场,稳定被困人员的情绪。当坍塌体没有稳定前,人员不得通过通道或其他地方进入隧道内。要在确认坍塌事故基本稳定,不会再次发生同类事故的前提下,方可调集挖运机械设备及人员抢救被困人员。避免在施救和疏散的过程中造成对人员的二次伤害事故。在核实所有人员获救后,将被困人员的位置进行拍照或录像,禁止无关人员进入现场,等待事故调查组进行调查处理。

5.2.3　加强隧道洞内以及坍塌事故发生部位的监控量测,增大监控量测的频率,缩短监控量测点间距。拱顶下沉量测断面的位置在每一断面宜布置 4 ~6 个点。

塌方段采用强支护型式,按设计支护进行加强和调整,塌腔区围岩采用小导管注双液浆固结代替中空注浆系统锚杆;缩小钢拱架间距。管棚段采用小导管超前支护。对塌方段洞内空腔部分回填,可以确保后续施工效果和安全;固结塌渣堆采取环向固结方式,采用注浆小导管,注浆前全掌子面挂网喷混凝土封闭。隧道拱顶向两侧大约 60°范围分别施作大管棚注浆采用双液浆。超前大管向前延伸至过渡段内。

5.3　应急物资保障

项目部设立单独应急物资仓库,并根据隧道工程坍塌事故应急救援过程中可能需要的物资器材足额配备。设置专职或兼职应急仓库管理员,动态监督各项应急救援物资配备和存储情况，动态管理，及时更新。

5.4　应急预案管理

参建项目综合应急预案中相关应急预案管理要求。

示例 2.2　水运工程——航道工程高处坠落专项应急预案编制示例

1　适用范围

本预案适用于××工程××段航道工程高处坠落事故应急处置。

2　风险事件描述

本标段工程范围内，根据相关规范，施工高度都在 2m 以上的施工作业为高处作业，在路基高边坡开挖施工、船闸模板施工、基坑开挖施工及桥梁工程施工中，有可能发生高处坠落事故，造成人员伤亡及财产损失。

3　应急组织机构

3.1　应急组织机构及下设工作组

应急组织机构图见图 2-2-4。

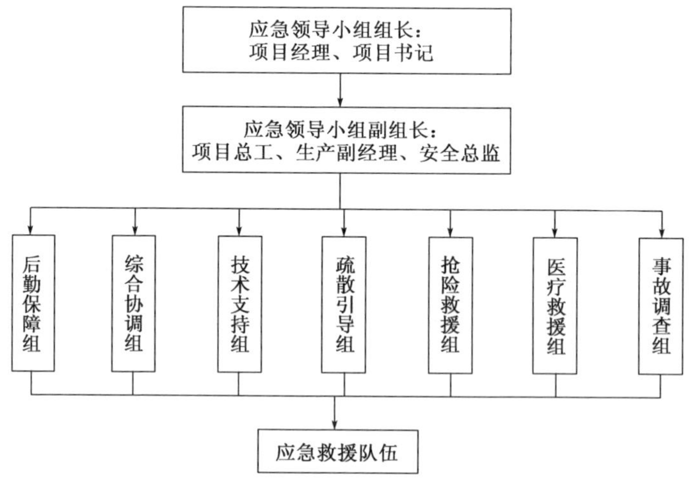

图 2-2-4　应急组织机构图

项目部成立由项目经理、项目书记担任组长，项目总工、项目副经理、安全总监担任副组长的项目事故应急组织机构，下设综合协调组、疏散引导组、抢险救援组、后勤保障组、技术支持组、医疗救援组、事故调查组。

3.2　应急领导小组人员组成及职责

3.2.1　应急领导小组人员组成

组长：项目经理、项目书记

副组长：项目总工、项目副经理、安全总监

组员：项目经理部各部门管理人员及现场各船舶负责人

应急领导小组下设办公室，办公室设在安全管理部。

3.2.2　应急领导小组职责

1）应急领导小组职责

（1）根据事故发生状态，具体全面部署安全事故应急救援预案的快速有效实施；组织有关部门和人员，迅速开展抢险救灾，救治伤员，统筹协调各单位、各部门应急行动。防止事故的扩大和蔓延，最大限度地降低事故损失。

（2）根据事故灾害发展情况，对危及的周边项目部和人员，及时指挥、组织疏散工作。

（3）密切注视安全事故控制情况，组织召开事故现场会议，做好信息处理，同时协调做好稳定社会秩序和伤亡人员的善后及安抚工作。

2）应急领导小组组长职责

（1）全面负责生产安全事故应急救援指挥工作。根据事故情况，决定应急预案的启动，组织力量，全面指挥、开展应急救援。

（2）负责发生重、特大安全事故时及时向上级主管部门和地方安全生产监督管理部门报告。

3）应急领导小组副组长职责

（1）协助总指挥，具体负责应急响应救援行动。向应急总指挥提出控制事故扩大的应急救援对策和建议。

（2）协调、组织和获取应急救援所需的资源，迅速有效地组织现场应急救援行动，努力降低事故损失，减少事故影响。

3.3　各工作组人员组成及职责

3.3.1　综合协调组

1）职责

根据事故情景，向相关部门或人员发出预警信息，并向有关部门和人员报告事故情况;在应急救援相关部门或人员之间进行音频、视频信号或数据信息互通;召开新闻发布会或事故情况通报会,通报事故有关情况。

2)人员组成

组长:安全管理部部长

组员:安全管理部、相关分包单位人员

3.3.2 疏散引导组

1)职责

建立应急处置现场警戒区域,实行交通管制,维护现场秩序,防止无关人员进入危险区域。疏导事故现场周边人员撤离危险区域,引导救援队伍和救援车辆、救护车辆迅速有序进入事故现场进行抢险救援。

2)人员组成

组长:计量合同部部长

组员:计量合同部、相关分包单位人员

3.3.3 事故抢救组

1)职责

按照相关应急预案和现场指挥部要求对事故现场进行控制和处理;按照现场确定的抢险方案实施抢险,及时抢救被困人员,防止事故扩大和二次事故的发生。

2)人员组成

组长:工程管理部部长

组员:工程管理部、相关分包单位人员

3.3.4 后勤保障组

1)职责

负责抢险物资、抢险设备设施、防护用品及抢险救灾人员食宿,及时供应生活用品和办公用品。

2)人员组成

组长:物资设备部部长

组员:物资设备部、相关分包单位人员

3.3.5 技术支持组

1)职责

对事故现场进行观察、分析或测定,确定事故严重程度、影响范围和变化趋势等;提出险情处置建议和抢险救援技术方案;对现场应急救援队伍进行技术指导;对险情的危害进行预测。

2)人员组成

组长:技术管理部部长

组员:技术管理部、相关分包单位人员

3.3.6　医疗救护组

1)职责

负责与医疗救护中心联系,掌握各种急救知识和使用方法,负责对受伤人员进行临时救治和处置,并对事故现场开展卫生监测和防疫工作。

2)人员组成

组长:财务资金部部长

组员:财务资金部、相关分包单位人员

3.3.7　事故调查组

1)职责

组织项目部有关部门及各相关单位开展事故调查;查明事故原因及责任人;以书面形式向上级写出报告,包括发生事故时间、地点、受伤(死亡)人员姓名、性别、年龄、岗位、伤害程度、受伤部位。

2)人员组成

组长:人力资源部部长

组员:人力资源部、相关分包单位人员

4　处置程序

4.1　信息报告

4.1.1　信息报告程序

一旦发生高处坠落事故,施工现场事故的发现人立即报告项目合同段负责人。事故信息由综合协调组负责发布,任何级别事故发生后事故单位必须以最快方式将事故简要情况向公司报告。如事故导致火灾,应同时打 119 向消防部门报警,急救拨打 120。项目部应当逐级上报事故情况,紧急情况下可越级上报。

4.1.2　信息报告内容

(1)事故发生单位、类别、时间、地点、已经造成或可能造成的伤亡人数、姓名、性别、年龄、受伤程度,事故现场情况和相关设施,事故简要经过和发生事故的原因,初步估计的直接经济损失,已经和正在采取的措施等。

(2)生产安全事故处置过程中,项目部要根据现场变化和处置情况分阶段逐级续报。

(3)事故发生之日起30日内伤亡人数发生变化的,应当及时补报。

(4)生产安全事故处置结束后,项目部应在3天内将事件调查情况、处置结果、整改情况、责任追究等情况以书面形式报告。

4.2 应急响应

4.2.1 响应分级

按照事故的严重性和紧急程度,本预案将预警的级别分为4级。具体如下:

Ⅰ级预警:表示安全状况特别严重,Ⅰ级预警适用范围为,可能造成1人及以上死亡,或者3人以上重伤,或者直接经济损失≥30万元,或者被困且有生命危险的职工在5人以上的安全事故。

Ⅱ级预警:表示受到事故的严重威胁,Ⅱ级预警适用范围为,可能造成2人(含2人)重伤,或者10万元≤直接经济损失<30万元,或者被困且有生命危险的职工在2人以上。

Ⅲ级预警:表示处于事故的上升阶段,规定Ⅲ级预警适用范围为,可能造成1人重伤,或者2万元≤直接经济损失<10万元,或者有被困且有生命危险的职工1人,且本项目部应急救援队伍能够达到救援目的的事故。

Ⅳ级预警:表示处于事故的初始阶段,规定Ⅳ级预警适用范围为,可能造成人员受伤,或者直接经济损失<2万元,或者被困有职工3人以下但无生命危险且本项目部应急救援队伍能够达到救援目的的事故。

4.2.2 响应程序

(1)现场一旦出现事故苗头或预兆,或即将出现事故,则马上启动Ⅳ级预警。

(2)一旦启动Ⅲ级预警,项目部应急办应当立即派人赶赴现场,了解事故情况,及时向项目部应急办报告情况。

(3)当项目部根据现场情况考量,应急救援力量不能满足现场需求时,向上汇报,启动Ⅰ、Ⅱ级预警响应,求助外部救援力量。

根据"有备无患"的原则,对有关信息进行评估,当符合"重要经济损失或重要突发事件"的事件或事故即将发生或发生的可能性增大时,应按照相关应急预案进入预警状态。进入预警状态后,根据应急事件或事故的类别与性质,可能采取的措施(不限于此)如下:

(1)立即启动相关应急预案。

(2)在适当范围内传递关于预警状态的信息,必要时广泛发布预警公告。

(3)转移、撤离或疏散可能受到危害的人员,并妥善安置。

(4)指示应急小组相关领导、相关工作组及救援抢险组进入应急状态,进行初步应急资源整合,做好调配准备。

5　处置措施

5.1　应急处置原则

1)统一指挥,分级负责

在项目部事故应急领导小组组织协调下,各职能部门履行各自的职责和权限,负责有关安全生产事故的应急管理和应急处置工作。

2)以人为本,安全第一

始终把员工生命安全和身体健康放在首位,最大限度地减少因事故造成的人员伤亡和财产损失。事故发生后,首先抢救人员,在多种处置措施中,应选择对公众利益损害较少的救援措施。

3)预防为主,防治结合

坚持预防为主、常备不懈,突发交通安全生产事故应急与预防工作相结合。做好预防、预测、预警和预报工作,做好常态下的风险评估、物资储备、队伍建设、完善设备和预案演练等工作。

5.2　应急处置措施

(1)发生高空坠落事故后,现场知情人应当立即采取措施,切断或隔离危险源,防止救援过程中发生次生灾害。切断或隔离危险源后,现场知情人员应当立即开展现场急救工作,同时请求应急救援并上报事故信息。

(2)应急人员赶赴现场后,应当立即采取措施对事故现场进行隔离和保护,严禁无关人员入内,应立即组织开展事故调查,为尽快恢复事故现场创造条件。

(3)做好受伤人员的现场救护工作,并派人在现场外等候救护车接应,同时把救护车进事故现场的路上障碍及时予以清除,保证救护车辆到达后,能及时进行抢救。

(4)当事故有可能出现扩大、恶化苗头时,应当立即向上级部门汇报。

5.3　应急物资保障

根据抢险需求,项目部设立应急物资仓库,配备应急所需的相应物资,现场准备应急设备。由专人负责管理,做好进出库登记。

6　应急预案管理

参见项目综合应急预案中相关应急预案管理要求。

示例3　现场处置方案(含应急处置卡)编制示例

示例3.1　公路工程——隧道突水涌泥事故现场处置方案示例

1　风险事件描述

(1)事故类型:隧道突泥涌水造成物体淹溺、掩埋,物体打击,开挖机械设备倾覆淹溺等伤害。

(2)事件可能发生的区域、地点或装置:隧道。

(3)事故危害程度:可造成人员伤亡、机械损坏、施工中止、延误工期。

(4)事故前可能出现的征兆:坍塌、突泥、涌水等。

2　应急工作职责

1)应急组织机构

成立现场应急小组,由现场负责人和作业人员组成。其中,现场负责人为现场应急小组组长。

2)工作职责

(1)应急小组组长职责。

①接到员工报告后,应立即到现场进行确认;

②组织现场员工,按现场应急处置措施执行;

③若事故后果超出本班组控制能力,立即上报应急救援领导小组;

④接受和执行应急救援领导小组的指令。

(2)岗位员工职责。

①发现隧道坍塌或征兆时,应立即高声呼叫求救;

②勘查现场,采取措施,救助伤员;

③报告应急小组组长;

④接受并执行本应急小组的指令。

3　处置措施

1)立即报告

当工地发生伤害事件,最先发现情况的人员应大声呼叫,呼叫内容要明确:某某地点或某某部位发生某某情况！将信息准确传出。

听到呼叫的任何人,均有责任将信息报告给与其最近的项目部管理人员、抢救小组成员,使消息迅速报告到隧道突水、涌泥应急响应指挥小组,启动现场处置方案。

当有人员伤害时,报警员负责打急救电话,报告发生伤亡伤害的地点、伤害类型,同时必须告知工程附近醒目标志建筑,以方便急救人员迅速判断方位。

2)组织抢险

当隧道发生突水、涌泥事故时,应急响应要立即组织施工现场义务抢险队员和职工进行抢险。

(1)疏散组:根据情况及时将工人撤离出洞外,并维持秩序和清点人数。

(2)抢险组:根据现场情况确定抢险方案,全力进行隧道突水、涌泥处理,使用水泵排水,检查隧道内突泥涌水事故部位的围岩情况及初期支护状态;根据突涌量选择合适的救援方式,开展人员救助。

(3)救护组:根据伤员情况确定急救措施,并协助专业医务人员进行伤员救护。

(4)保卫组:做好现场保护工作,设立警示牌严禁其他人员进入,防止二次突水、涌泥造成伤害。

3)人员疏散和财产转移

以"救人为先"为原则,一旦发生隧道突水、涌泥,洞内人员要首先撤离至洞外。在确保人员安全的前提下,转移设备等财产至安全地带。

(1)应急自救。

发生塌方后,应先检查塌方处是否还有可能的塌方危险,当确认无危险后,方可实施抢救,如还可能造成二次塌方,则必须采取有效措施控制。

①清理突水、涌泥土方不可使用工具,应人工进行清除,避免对伤员的二次伤害。

②受土石方突水、涌泥伤害的人员可能造成内伤、脊柱伤害和骨折,因此也不可急速摇动或移动伤员。

③应多人平托住伤员身体,缓慢将其放至于平坦的地面上。发现伤员呼吸障碍,应进行口对口人工呼吸。

④发现出血,应迅速采取止血措施,可在伤口近心端结扎,但应每半小时松开一次,避免坏死。动脉出血应用手指压大腿根部股动脉止血。

⑤总之,在专业救援力量到来之前,应尽最大努力进行自救,以使伤害降低到最低点。在急救医生到来后,应将伤员受伤原因和已经采取的救护措施详细告诉医生。

(2)紧急逃生内容。

①隧道施工中必须配备必要的救援物资和设备器材，并设专人管理，对配备的应急救援机械设备、监测仪器、堵漏和清洗消毒材料、交通工具、个体防护设备、医疗设备和药品、生活保障物资等，应进行定期检查、维护和更新，确保应急救援物资和设备能随时投入使用。

②隧道施工必须事先规划逃生路线并在现场公示，并在隧道适当位置设置避难、急救场所，避难处应准备足够数量的逃生设备、救护器械和生活保障品等。

③隧道内交通道路及开挖作业等重要场所必须设置安全应急照明和应急逃生标志，应急照明应有备用电源并保证光照度符合要求。

(3)现场保护。

当现场总指挥在组织自救的同时，应派人保护现场，为今后的事故调查提供真实依据。

(4)财产转移。

在确保人员安全的前提下，转移受事故影响的挖掘机、运输车辆设备至洞口外开放空间地带。

4)控制隧道突水、涌泥

为控制涌水的发展，把损失减到最低程度，项目部要做到以下几点：

(1)在地下水发育的易溶性岩层施工中突然出现涌水，应及时撤离人员和机械设备，并报告应急处理领导小组，领导小组到达现场后，根据详细的地质、水文情况，制定出处理方案，切勿惊慌失措，盲目冒险，一哄而上。出现涌水是清亮的颜色，疏通排水系统，采用排水方式处理涌水；若涌水呈现出浑浊的颜色，要立即修筑混凝土墙，进行拦截，然后用潜水泵排出；待涌水小的时候，采用喷锚网加强支护，钻孔接小导管排出。

(2)为预防在出现不可预见情况下的人身安全，减少损失，在某一个工作面发生涌水时，洞内有规定的逃生路线，以便人员能够及时撤离。

当遇到突发事故(如涌水涌泥)时，人员需要紧急撤离，能够安排人员根据确定路线有序的撤离工作面。施工过程中对进入隧洞内的作业人员进行紧急情况下的撤离训练，特别是在不良地质地段施工之前，使所有的作业人员了解并熟悉洞内的安全设备和紧急撤离规划，避免涌水时发生慌乱，使人员在预期的撤离时间内能够安全撤离。

4 注意事项

根据涌水突砂处理施工可能发生事故的性质和后果分析，确定应急救援物资与装备。应急救援物资和设备一般包括:设备和机械、检测仪器、交通工具、个体防护设备、医疗设备和药品、救援用绳索、其他保障物资,等等。应急救援物资与装备由工点各系统部门根据应急救援需要确定种类和数量,存放于合适位置和场所,并由工点物资设备部门建立应急物资设备台账,物资设备部门定期组织检查、维修与更新。

5　应急处置卡

隧道开挖涌水突泥事故应急处置卡示例见表 2-3-1。

隧道开挖涌水突泥事故应急处置卡示例　表 2-3-1

<table>
<tr><td>工程部位或作业环节</td><td colspan="4">隧道开挖</td></tr>
<tr><td>作业岗位名称</td><td colspan="4">二次衬砌班组混凝土工</td></tr>
<tr><td>风险事件描述</td><td colspan="4">隧道突泥涌水造成物体淹溺、掩埋,物体打击,开挖机械设备倾覆淹溺等伤害</td></tr>
<tr><td>应急处置措施</td><td colspan="4">(1)现场涉险人员的先期自救和互救措施:
①发出险情信号,并按逃生路线有序撤离,遇险人员应利用预设的爬梯、台架、逃生绳等脱险,逐步转移到安全地点;
②当被困人员不能及时脱险时,应及时发出求救信号,报告有关情况,便于营救人员尽快得知自己的位置,便于施救;
③被困人员应保持镇静,不要乱动,以便将身体的消耗降到最低,等待救援。
(2)根据突涌水情况,采用以下方法组织对洞内遇险人员的救援:
①突涌水量很快减小,可运用工程机械(如装载机等)进入洞内施救;
②水量较大时,可待水情基本稳定后,组织救援人员乘橡皮艇进入洞内施救;
③当发生小规模突泥或突水伴随大量砂石、淤泥沉积时,应采用搭设脚手架、铺垫木板或竹胶板等方法迅速开辟救援通道,进入洞内搜救;
④救援人员应佩戴呼吸器等遇水作业专业器材</td></tr>
<tr><td>现场处置流程</td><td colspan="4">(结合相应工艺或操作规程,以简要文字或流程图展示)
注:应急处置流程简单,无专业性操作要求时,可省略</td></tr>
<tr><td colspan="5">应急联系方式</td></tr>
<tr><td rowspan="2">内部</td><td>项目经理××</td><td>项目书记××</td><td>安全分管领导××</td><td>生产副经理××</td></tr>
<tr><td>电话:××</td><td>电话:××</td><td>电话:××</td><td>电话:××</td></tr>
<tr><td rowspan="2">外部</td><td>报警电话</td><td>急救电话</td><td>××医院</td><td>××搜救中心</td></tr>
<tr><td>××</td><td>××</td><td>××</td><td>××</td></tr>
</table>

示例 3.2 水运工程——船舶火灾事故现场处置方案编制示例

1 风险事件描述

(1)事故类型:船舶与栈桥、作业平台之间发生碰撞,造成船舶损坏或者平台倾倒,导致船上易燃物失控,或因船上人员违章操作等,引发火灾事故,造成人员伤亡或财产损失,严重情况会引起船舶沉没的情况。

(2)事件可能发生的区域、地点或装置见表 2-3-2。

事故可能发生的区域、地点或装置 表 2-3-2

序 号	部 位	事故可能发生的地点或装置
1	甲板	各种钻孔机械、绞锚设备、卷扬机、焊接切割设备、作业照明、信号灯电缆及其他可燃物等
2	机舱	各种配电箱、管路、油柜、油桶等
3	居住区及厨房	卧室、厨房等可能存在吸烟、动火、用电的位置
4	火工品加工区	爆破网络连接线、火工品包装等

(3)事故危害程度:当火灾发生时可能会发生爆炸,在财产损失的同时还可能造成人员伤亡。

(4)事故征兆:

①长时间运行大型机械设备,管路破损或温度异常升高;

②火工品存放不当,火工品加工区作业人员未穿戴防静电防护服;

③油漆等易燃物不按规定乱放;

④电缆电器老化打火;

⑤超负荷运行大功率设备或电气;

⑥生产区域违规使用明火;

⑦生活区违规使用大功率用电设备,在非专用吸烟区违章吸烟。

2 应急工作职责

(1)项目部成立应急救援小组,成员如下:

组长:船长

成员:轮机长、大副、二副、三副、其他船员

(2)应急救援小组及成员职责

①船长

为现场应急救援指挥长,负责现场灭火工作总指挥,关键时刻可下达弃船逃生命令。

②轮机长

负责船舶灭火期间动力供应及切断、二氧化碳灭火系统施放等。

③大副

负责现场救火人员的组织、救火行动的实施。

④二副

负责协助船长在灭火期间的驾驶台工作。

⑤三副

负责实施救火行动。

⑥其他船员

负责协助三副实施救火行动。

3 处置措施

发生火灾时,发现人员应第一时间用最快速的方式报告船长,船长首先要考虑:保证船员安全、控制船舶受损、防止环境污染。钻爆船发生火灾,船长及爆破班长应充分考虑失火部位及可能发生扩大的危害,有必要时,应使用现场警戒船舶分开转运炸药、雷管至岸上安全区域。爆破安全员对火工品进行值守警戒,同时联系相关单位及时完成退库程序。

值班人员一旦收到火情信息,就近按启警铃报警,同时根据火种性质和火情立即使用附近适宜的灭火器材扑救,并大声呼喊。报警信号为:

船舶首部失火:警铃和汽笛短声,连放1分钟后,鸣1短声。

船舶中部失火:警铃和汽笛短声,连放1分钟后,鸣2短声。

船舶尾部失火:警铃和汽笛短声,连放1分钟后,鸣3短声。

船舶机舱失火:警铃和汽笛短声,连放1分钟后,鸣4短声。

上层建筑失火:警铃和汽笛短声,连放1分钟后,鸣5短声。

弃船的警报信号为:警铃和汽笛七短一长声,连放1分钟

解除警报:警铃和(或)汽笛一长声持续6秒钟或以广播口令宣布。

船长接到报告后发出应急警报,组织人员探测火灾范围、判断有无爆炸危险,立即到驾驶台组织灭火;同时及时向项目部和附近海事主管机关报告。

听到消防警报信号后,除固定值班人员外,所有船员应携带器材迅速赶到现

场，按队集合待命，其中管理二氧化碳灭火系统的人员应到达该岗位进行检查，做好施放准备；负责水灭火系统的人员应安妥皮龙和喷头，开启阀门；机舱值班人员应尽快启动甲板水供水（平时，甲板水管系应保持冲洗锚链水的阀门常开）。未经总指挥或轮机长下令，不准关停发电机或拉闸停电。

大副到达火警现场后，应率领消防队迅速弄清火警部位、火种性质、火情及发展趋势，以及火警部位周围有关联的各种物品，确定施救方案，指挥各队投入扑救，并根据火情发展及时调整部署、组织力量。

二副协助船长指挥灭火时的驾驶台操作。驾驶自航船时，船长尽可能操作船舶将火灾部位置于下风处。

三副和水手长直接负责现场灭火，并根据火情关闭门窗、舱口、风斗、孔道，截断局部电路，转移火情附近区域易燃物品，阻止火势蔓延，同时传令和救护伤员。

使用二氧化碳灭火系统前，应先将人员撤离并封闭现场，尽量隔绝或减少空气流通，正确地启闭各路阀门，然后按照总指挥的命令施救。

如火势无法控制，危及船上人员生命安全，船长应做好弃船准备。

火情扑灭后，大副应全面详细检查并派人监视现场，只有确认无复燃可能后，消防队人员和器材方可撤离。

4 注意事项

(1)火灾扑救要在确保人员安全的前提下进行。

(2)救援时要先救人后救物，先重点后一般。先断电后救火，并注意顺风救灾。

(3)火灾发生后应掌握的原则是边救火边报警。

(4)应根据不同类型的火灾采取不同类型的灭火方法。

(5)进入火场应选择较低、通道宽敞的入口。

(6)船舶探火员探火时，必须由两人组成，佩戴空气呼吸器、消防服、安全绳，对讲机、照明灯应具备防爆功能。约定联系信号和方式，相互配合，最远距离不能超过5m，同步向火源地点探索前进。

(7)合理评估自身救援能力，不要盲目施救或冒险施救，避免事故扩大。

5 应急处置卡

船舶火灾事故应急处置卡示例见表2-3-3。

船舶火灾事故应急处置卡示例 表2-3-3

工程部位或作业环节	船舶水上作业			
作业岗位名称	船长			
风险事件描述	船舶与栈桥、作业平台之间发生碰撞,造成船舶损坏或者平台倾倒,导致船上易燃物失控,或因船上人员违章操作等,引发火灾事故,造成人员伤亡或财产损失,严重情况会引起船舶沉没			
应急处置措施	发生火灾时船长首先要考虑保证船员安全、控制船舶受损、防止环境污染。 船长及爆破班长应充分考虑失火部位及可能发生的危害,有必要时,应使用现场警戒船舶分开转运炸药、雷管至岸上安全区域。 船长接到报告后发出应急警报,组织人员探测火灾范围、判断有无爆炸危险,立即到驾驶台组织灭火。同时根据当时情况及时向项目部和附近海事主管机关报告。 如火势无法控制,危及船上人员生命安全,船长应做好弃船准备			
现场处置流程	(结合相应工艺或操作规程,以简要文字或流程图展示) 注:应急处置流程简单,无专业性操作要求时,可省略			
应急联系方式				
内部	项目经理××	项目书记××	安全分管领导××	生产副经理××
	电话:××	电话:××	电话:××	电话:××
外部	报警电话	急救电话	××医院	××水上搜救中心
	××	××	××	××

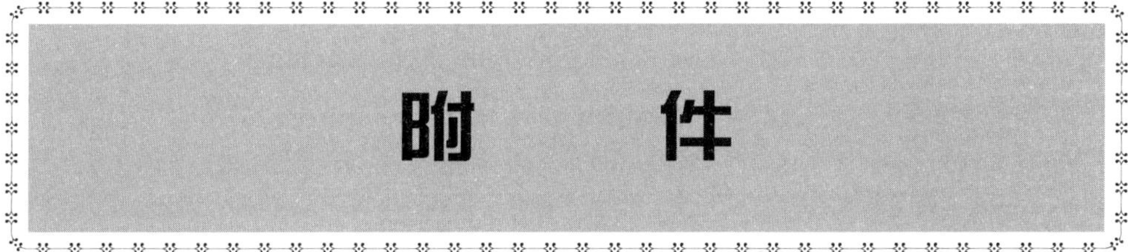
附　件

附件1 编制背景及思路

一、标准制定背景

国家和行业高度重视公路水运工程应急管理工作,随着新《中华人民共和国安全生产法》《生产安全事故应急条例》《公路水运工程安全生产监督管理办法》《生产安全事故应急预案管理办法》《公路水运工程生产安全事故应急预案》等系列法律法规、规章制度的实施,均对应急预案编制工作提出了新的更高要求。然而,由于公路水运工程项目层面缺乏相应的指导应急预案编制的标准规范,项目上大多参照《生产经营单位生产安全事故应急预案编制导则》(GB/T 29639—2020)进行编制,但该标准仅局限于指导企业层面应急预案的编制,不适用于公路水运工程项目,造成应急预案在生产安全事故应对过程中所发挥的效用并不理想,应急工作在很大程度上还是依靠临时的协调工作来保障。因此,针对公路水运工程项目应急预案编制中存在的内容缺乏针对性、应急措施可操作性不强、不同层次预案衔接不顺畅、预案制修订程序不完善等突出问题,为更好地指导公路水运工程项目生产安全事故应急预案的编制,交通运输部组织相关单位开展了行业标准《公路水运工程项目生产安全事故应急预案编制要求》的制订工作。

二、标准的定位和作用

《公路水运工程项目生产安全事故应急预案编制要求》标准规定了公路水运工程项目生产安全事故应急预案的体系和项目综合应急预案、合同段施工专项应急预案、现场处置方案的编制要求。本标准适用于公路水运工程新建、改建、扩建项目的生产安全事故应急预案的编制。

标准的实施能够指导公路水运工程项目综合应急预案、合同段施工专项应急预案与现场处置方案的编制工作,提升应急预案编制的科学性与适用性,对于推动行业应急管理体系和应急管理能力现代化建设具有十分重要的意义。

三、标准主要内容

(一)术语和定义

本标准新定义和完善了6个术语,分别是应急预案、风险事件、应急响应、应急处置、应急资源和应急演练。

(二)应急预案体系

本章主要规定了公路水运工程项目生产安全事故应急预案体系的组成,明确了项目综合应急预案、合同段施工专项应急预案与现场处置方案的定位、作用与区别，提出了各类型应急预案适用对象与衔接要求。

（三）应急预案编制步骤

本章从编制工作小组成立、资料收集、风险评估、应急资源调查、应急预案编制、应急预案评审和应急预案发布七个方面明确了应急预案编制的主要内容和注意事项。

（四）项目综合应急预案

本章规定了项目综合应急预案应包括的要素内容，具体包括总则、风险事件描述、应急组织机构、预警信息、事故报告、应急响应、善后处置、应急保障以及应急预案管理等内容。

（五）合同段施工专项应急预案

本章规定了合同段施工专项应急预案编制应包括的要素内容，具体包括适用范围、风险事件描述、应急组织机构、处置程序、处置措施、应急预案管理等内容。

（六）现场处置方案

本章规定了现场处置方案编制应包括的要素内容，具体包括风险事件描述、应急工作职责、处置措施、注意事项。同时，为增强现场处置方案的操作性，增加了应急处置卡编制的有关要求。

（七）附录 A　公路水运工程典型风险事件

本附录给出了公路水运工程常见的典型风险事件清单，包括坍塌、高处坠落、物体打击等 16 类典型风险事件，明确了事件类型名称、易发部位（场所/环节）与情景描述，便于应急预案编制人员参照实施。

（八）附录 B　应急预案编制格式

本附录给出了应急预案封面、批准页、目录、预案编制内容以及印刷装订等要求，并给出了项目综合应急预案、合同段施工专项应急预案与现场处置方案的封面格式。

（九）附录 C　应急响应流程图示例

本附录给出了公路水运工程生产安全事故项目综合应急预案应急响应流程图编制示例，便于项目综合应急预案应急响应流程图的参考绘制。

（十）附录 D　应急物资装备配置清单示例

本附录给出了施工单位隧道工程关门坍塌事故应急物资装备配置清单编制示例，便于其他类型事故应急物资装备配置参考。

附件2 公路水运工程应急管理体系建设调研情况报告

为进一步落实《生产安全事故应急条例》《交通运输部突发事件应急工作规范》等国家和行业最新应急管理法规制度的相关要求，了解新形势下公路水运工程施工安全应急管理工作发展现状及存在的主要问题，为编制《公路水运工程生产安全事故应急预案》提供实际经验和案例素材，以行业标准编制为契机，2019年至2020年，交通运输部安全与质量监督管理司组织交通运输部科学研究院、浙江省交通工程管理中心、山西交通控股集团有限公司、浙江省交通投资集团有限公司、云南省交通运输厅工程质量监督局、贵州省交通建设工程质量监督局、贵州路桥集团有限公司、云南省交通发展投资有限责任公司等标准编制组，开展了为期两年的公路水运工程应急管理体系建设调研。以《交通强国建设纲要》提出的“建立健全综合交通应急管理体制机制、法规制度和预案体系”要求为指导，按照最新应急管理法规制度的有关要求，结合公路水运工程生产安全事故应急管理工作特点，调研工作组围绕公路水运工程应急管理政策标准、应急响应、应急资源、应急处置与应急案例等五个专题，深入全国各省、市及地区，针对省级交通运输主管部门和质监机构、地方应急管理部门、央企代表、部分地方国有建设施工企业、国家级隧道应急救援队等单位机构，切实了解公路水运工程应急管理体系建设现状、存在问题及相关建议，研究提出完善行业应急管理体系的新思路与新举措。

一、公路水运工程应急管理定义

目前，关于应急管理的定义和内涵尚未形成统一的认识。从狭义角度来讲，根据新《中华人民共和国安全生产法》，生产安全事故应急管理是安全生产的重要内容，此处的应急管理主要是对生产安全事故进行的应急响应与处置救援；从广义角度而言，根据《中华人民共和国突发事件应对法》，生产安全事故作为突发事件的一类，其应急管理包括预防准备、监测预警、处置救援与恢复重建等应对工作的全过程。按照习近平总书记关于防灾减灾救灾“两个坚持、三个转变”的工作要求，就是坚持以防为主、防抗救相结合，坚持常态救灾和非常态救灾相统一，努力实现从注重灾后救助向注重灾前预防转变、从应对单一灾种向综合减灾转变、从减少灾害损失向减轻灾害风险转变，这不但确立了自然灾害防治理念，也创新发展了新时代应急管理理念。因此，公路水运工程应急管理可定义为基于公路水运工程生产安全事故的原因、过程及后果进行一系列有计划、有组织的管理。涵盖生产安全事故发生前、中、后的各个过程，包括为应对事故而采取的预先防范措施、事发时采取的应对行动、事发后采取的各种善后措施及减少损失的行为。

二、公路水运工程应急管理体系建设现状

近年来，随着国家不断强化应急管理体系建设，公路水运工程领域以"一案三制"（应急预案与应急管理体制、机制、法制）为核心的应急管理体系建设也不断推进，国家部门预案、地方预案、项目预案三级应急预案体系初步构建，应急管理体制、机制与法制建设不断加强。

（一）应急管理体制不断健全

一是应急管理职责逐步理清。根据新《中华人民共和国安全生产法》《生产安全事故应急条例》等法律法规，生产安全事故应急工作是安全生产的重要内容，交通运输部负责公路水运工程安全生产的监督管理工作，并在职责范围内负责行业有关生产安全事故的应急管理工作。县级以上人民政府统一领导、分级负责公路水运工程生产安全事故应急工作，工程项目涉及两个以上行政区域的，应急工作由项目管辖地人民政府负责。应急管理部门对生产安全事故应急工作负有统筹职责，对同级政府其他部门生产安全事故应急工作负有指导、协调职责，但没有监督检查职责。公路水运工程建设企业是本单位生产安全事故应急工作的责任主体，实施主要负责人全面负责制。二是行业应急组织体系逐步健全。公路水运工程国家级（交通运输部）、地方级（各级交通运输主管部门）、项目级（各公路水运工程项目参建单位）三级应急组织体系逐步健全。按照生产安全事故分级管理原则，交通运输部主要负责公路水运工程Ⅰ级（特别重大）事故的应对工作，并成立由部长或经部长授权的部领导任组长、各相关业务司局参与的公路水运工程生产安全事故应急工作领导小组，部安质司作为部公路水运工程生产安全事故应急日常机构，具体承担公路水运工程安全生产应急管理的日常工作，以及Ⅰ级应急响应启动后的组织、协调等具体工作。省级、市级、县级等地方交通运输主管部门根据国家相关法规要求负责其他等级事故的应对工作，公路水运工程项目建设、施工等参建单位结合项目特点，负责现场应急准备与前期应急处置工作。部分省份及地区设立了全省公路水运工程生产安全事故应急工作领导小组，下设生产安全事故应急工作组和应急技术专家组等工作组，大型企业均成立了安全（应急）部门或明确了职能科室，不断优化应急管理机构组织形式，统筹处理公路水运工程应急管理工作。

（二）应急管理机制不断完善

一是预防预警机制逐步健全。各级交通运输主管部门不断加强对气象、海洋、水利、国土等部门的预警信息以及公路水运工程生产安全事故相关信息的搜集、接

收、整理和风险分析工作，积极落实风险分级管控与隐患排查治理双重预防机制，针对各种可能发生的公路水运工程生产安全事故情形，按照相关程序发布预警信息。项目参建单位均设置专门部门或人员接收预警信息，按照地方政府、行业主管部门的应急布置和项目级应急预案，提前做好各项事故预防工作。二是应急响应机制逐步完善。按照“政府领导、属地为主”的原则，部对Ⅰ级(特别重大)事故启动Ⅰ级应急响应，对Ⅰ级以下事故视情况启动Ⅱ级应急响应，对于省级及以下层面的应对行动重在指导，发挥技术支撑和协调配合作用，不对省级事权作具体要求。各级交通运输管理部门负责本行政区域内相应事故级别的公路水运工程生产安全事故应急处置工作的组织、协调、指导和监督，并会同本级相关职能部门建立应急救援协作机制。公路水运工程建设企业按照交通运输行业建设工程生产安全事故统计报表制度，执行事故信息报送要求，明确交通建设工程生产安全事故应急响应分级和启动条件，规范应急响应程序，高效有序开展现场应急处置工作。同时，加强企业应急响应系统信息化建设，部分企业开发了事故快报 App，实现事故信息的实时报送、应急响应及事故调查动态实时更新、事故数据统计分析等功能，不断提升应急响应效率。三是应急协同联动机制逐步建立。交通运输部与省级交通运输主管部门建立了公路水运工程生产安全事故应急联络员制度，加强应急信息沟通，形成协同工作机制。各级交通运输主管部门逐步与本地区安监、国土、环保、水利、卫生、消防、气象、地震、质监等相关部门建立沟通联络机制，加强应急会商。

(三)应急管理法制不断加强

一是加强安全应急管理规章制度建设。部印发《公路水运工程安全生产监督管理办法》《公路水运工程平安工地建设管理办法》等规章制度，为做好工程安全应急管理工作筑牢法治基础。贵州、湖南、浙江、江西、吉林、新疆、内蒙古自治区、甘肃等8个省(区、市)出台公路水运工程质量和安全生产管理条例，对应急管理工作提出了系列要求。大部分省份均出台了交通运输突发事件应急值守与信息报告等制度文件，不断健全应急管理制度体系。二是强化安全应急标准体系建设。部印发了《交通运输安全应急标准体系(2016年)》，陆续推动了《公路水运工程安全生产条件技术要求》《公路水运工程施工安全标准化技术指南》《公路水运工程生产安全事故应急预案编制要求》等18项公路水运工程安全应急标准的编制，中交、中铁等央企均制定出台了应急抢险救援等方面的企业标准规范，提升企业施工安全应急管理水平。

(四)应急预案体系初见成效

部印发了《公路水运工程生产安全事故应急预案》，该预案定位为国家部门预案，并建立了国家级预案、地方级预案、项目级预案三级应急预案体系。各地交通运输主管部门均结合各自职责，编制了综合应急预案、专项应急预案或现场处置方案，建立了相对完善的应急预案体系。为检验应急预案的实操性，推动完善政企应急联动机制，行业定期组织开展应急演练活动。另外，大型央企及国企均制定了各类公路水运工程生产安全事故应急预案，其中，中铁工编制的《国家隧道救援中铁二局昆明队应急预案》等隧道施工企业和应急救援队伍的应急预案范本，2019 年 3 月 14 日被国家应急救援中心授权印发，中交集团编制集团安全管理标准体系，中铁建设置独立的应急救援处，细化应急预案编制和演练等方面的事项清单并逐一开展考核。公路水运工程项目建设单位与施工单位均按要求制定了项目综合应急预案、合同段施工专项应急预案和现场处置方案，有力促进了项目应急管理水平的提升。

三、应急管理体系建设存在的主要问题

近年来，公路水运工程应急管理体系建设取得了很大进步，但行业面对的综合性、非传统的风险日益增多，防范化解重大风险、高效应对生产安全事故仍然面临诸多挑战。

（一）行业层面主要问题

1. 行业顶层设计不够健全

一是交通运输行业公路水运工程施工安全应急管理没有制定专门的部门规章，行业管理要求散落在《公路水运工程安全生产监督管理办法》《公路水运工程平安工地建设管理办法》和《公路水运工程生产安全事故应急预案》等各类相关规章制度中，且要求过于原则化，缺少针对公路水运工程预防准备、监测预警、响应处置、恢复重建等应急管理全过程的系统性要求的规章制度，制度建设滞后于行业应急管理发展实际。二是现行《交通运输安全应急标准体系（2016 年）》中施工安全应急类标准不全面，应急资源配备、应急处置与应急救援等部分关键技术标准缺失，在一定程度上影响了行业应急能力的提升。

2. 应急管理职责不够清晰

一是部分省级交通运输主管部门应急管理职能职责尚未完全理顺。多数地方质监机构综合行政执法改革后“三定方案”中未明确公路水运工程应急管理职责，也未设置专职管理人员负责应急管理工作，相关人员和职能尚未有效整合，应急管理工作总体上重视不足。二是基层应急管理和安全监管责任界面不清晰。由于地方建设管理和质量安全监管权责向市县下沉，应急管理与应急救援相关管理人员和技术人员缺乏，监管力量不足，技术水平不够，处置各类突发事件的指挥部和议事协调机构及其办事机构的职责交叉重叠、相互关系有待理顺。

3. 应急资源规划不够到位

公路水运工程领域应急专家、应急队伍、应急物资装备、应急专项资金等行业应急资源建设尚缺少系统规划与统筹管理。首先,应急专家库建设水平参差不齐。部分省份尚未建立或者正在筹建应急专家库,现有专家库建设普遍存在专家领域覆盖不全、流动性大、专业水平差异大、专家库更新不及时等问题。其次,行业专业应急救援队伍尚未形成。目前行业应急救援队伍以兼职人员为主,由项目管理人员和一线工人等非专业兼职救援人员组成,针对现有救援队伍的培训、考核、演练尚未形成标准化模式,救援队伍人员专业知识和能力建设不足。另外,与行业相关的国家级专业隧道救援队主要分别分布在云南、贵州、重庆与山西等山区省份,行业建设任务较重的华东沿海地区尚未设立国家级救援队。第三,行业应急资源布局尚不均衡。当前行业应急物资与装备储备集中在公路运营保通领域,全国多数省份(自治区、直辖市)建立了国家级、省级、市级、项目级应急物资装备储备中心或物资装备储备库,但与当地公路水运工程项目间尚未形成有效的资源调配机制,造成不同建设项目均需各自购买,应急资源存在重复建设和浪费现象;另外,公路水运工程建设项目自行储备能力相对较弱,当前应急物资装备仍以实物储备为主,对社会储备、商业储备、合同储备等形式的利用较少。第四,应急专项资金保障缺少规范引导。目前多数省份和地区尚未设立公路水运工程专项应急经费,在应急物资投入、设备维护与更新、应急队伍培训演练、应急关键技术与装备研发、应急救援补偿等方面缺少有效的经费保障,对于应急经费来源、列支比例、使用管理等方面亟须行业进一步规范引导。

4. 应急响应联动不够协同

当前应急响应最大的问题在于不同部门之间的信息共享与资源协调。一是事故信息共享机制不健全,多数行业交通运输主管部门尚未与当地应急管理、公安、气象、水利等部门建立及时有效的信息共享沟通机制,不同部门间存在较严重的数据壁垒,数据"部门墙"和"行业墙"比较严重;二是多部门、跨区域应急响应联动关系较复杂,应急响应职责界面划分不清、应急响应分级标准各异、响应程序繁杂,在协同联动、应急处置、资源调配等方面合作机制尚未充分形成;三是行业与地方主管部门上下级之间属于业务指导关系,使得上级部门对下级部门指挥权威不足,与"上下联动"的应急管理体制和事故的高效协同应对要求不相适应。

5. 现场救援指挥不够精准

是多数公路水运工程生产安全事故现场应急决策体系混乱,应急指挥权上移和过度依赖行政高压成为普遍现象和基本经验,一方面是领导云集,另一方面又缺乏敢于决策的权威、统一、高效的指挥,处置各类生产安全事故的指挥部和议事协调机构及其办事机构的职责交叉重叠、相互关系有待理顺；二是现场救援往往以当地政府应急管理部门为主，现场专业处置指挥救援与社会舆情应对及引导中行政力量干预过多，交通运输主管部门人员很难介入现场救援以及事故调查工作，专业技术应急处置救援方案也经常不被现场救援指挥部采纳。

6. 事故技术调查不够深入

当前行业对公路水运工程建设项目生产安全事故调查和总结重视不够，缺少对事故案例的深入剖析。多数调查报告未重点突出事故技术原因、应急救援技术以及对相关标准规范制修订建议等关键问题，多数事故案例分析照抄照搬事故调查报告，原因分析表面化、普遍化，缺少针对行业典型事故应急处置和应急救援案例的对比分析与经验总结，对重复发生的事故案例缺乏深度的技术分析，未有效结合事故案例研究提出标准制修订建议，事故警示教育作用不显著。

（二）企业层面主要问题

1. 应急管理能力亟须提升

项目人员普遍对应急管理相关文件和法律法规不熟悉、缺少足够重视，大多数项目管理人员与班组自身应急知识基础相对薄弱，不清楚生产安全事故应急响应承担主体，信息上报流程不清楚。此外，部分人员未实际参加过应急方面的培训和演练，前期应急处置措施不掌握。

2. 应急预案体系亟须完善

多数项目施工安全风险评估流于形式，往往导致项目风险分析能力不足，在预警预防阶段不能及时采取有效的风险监测预警与预控措施。应急预案操作性与指导性较差，普遍存在应急预案质量偏低、各级预案衔接不畅、操作性不强等问题。应急预案没有结合自身工程特点，通常照搬照抄其他类型预案，或是通篇采用原则性用语，导致应急预案"上下一般粗"，可操作的实际内容较少。预案事故情景类型分析不充分，对风险发生的可能性与后果严重程度估测不准确，对不同类型事故的处置方法、程序及相关职责分工不清晰，对现场处置的指导性较差。应急预案演练缺少科学评估，演练成果得不到有效运用。

3. 应急物资配备亟须到位

目前多数公路水运工程项目缺少专职应急管理人员和救援队伍，应急队伍多由项目管理人员与班组人员组成，专业性不强。建设项目的应急物资与装备的自行储备能力不均衡，对物资与装备的分类、储备形式、管理模式仍不清晰。针对专业救援设备的维护与更新缺少相关管理要求与资金支持，缺少能够熟练操作大型、专业设备的人员，应急救援专业设备的利用率不高。此外，工程建设项目未设立专项应急经费，应急经费纳入安全生产费用统一管理，对公路水运工程建设项目应急物资投入、应急演练与培训、应急救援补偿等方面保障力度不足。

4. 应急响应机制急需理顺

部分施工单位在事故信息报送中存在瞒报、迟报等情况，甚至出现“信息倒流”现象，多数项目施工单位应急响应职责界面划分不清楚，应急响应等级与预警信息等级划分标准不一，响应程序较混乱，与上级政府部门、企业内部响应程序缺少衔接。

5. 应急处置效能亟须提高

施工单位由于应急管理人员、应急救援队伍能力不足，事故现场应急指挥与处置缺乏统筹管理，指挥处置流程不清晰，应急组织较为无序混乱，导致在事故发生时出现反应迟缓或盲目施救现象。施工单位现场前期处置能力较差，多数应急管理与救援人员培训演练不足，缺乏积极有力的前期处置措施。此外，事故现场大型救援装备由于现场道路缺陷、交通运输堵塞等情况进场缓慢，专业救援队伍之间也存在技术不统一、不规范，协同配合困难，救援效率低等问题。

6. 应急管理培训亟须规范

项目建设单位、施工单位对当前行业、地方公路水运工程应急管理相关政策、制度与标准的宣贯和培训不够，多数项目施工应急管理人员与一线的工人对现有政策制度不了解或不熟悉。同时对项目应急管理人员、应急救援人员的常规性培训教育缺少系统性，培训专业性总体需要加强。多数项目对应急演练普遍不够重视，缺少专业指导与相应保障，演练不能取得预期实效。

四、公路水运工程应急管理新形势

(一)施工安全面临新形势

目前交通运输行业正处于交通基础设施发展、服务水平提高和转型发展的黄金时期，公路水运工程建设规模持续增大，未来一个时期，公路水运工程建设规模将持续保持高位。工程建设现场将更多向偏远地区、环境复杂地区转移，建设条件恶劣。长大桥隧、特殊结构桥梁、特殊地质隧道、深水离岸码头等复杂工程增多，公路水运工程施工技术难度增大，安全生产风险增加。同时，公路水运工程安全形势依然严峻，行业安全生产仍处在高位波动向持续下降的不稳定过渡期，群死群伤事故和重大风险隐患没有得到根本遏制和消除。值得注意的是，当前公路水运工程生产安全事故、突发公共卫生事件、社会安全事件等各种风险不断增加，各种灾害事故风险相互交织、叠加放大，形成复杂多样的灾害链、事故链。当前在公路水运工程施工安全生产领域一些深层次矛盾和问题还没有得到根本解决，安全生产形势仍处于脆弱期、爬坡期、过坎期，行业工程建设施工安全风险预防工作面临的形势十分严峻。

(二)应急管理发展新趋势

公路水运工程施工安全管理面临着新形势与新变化,不同的生产安全事故有着不同的演化规律,但应对过程基本相同。根据《中华人民共和国突发事件应对法》,突发事件应对的过程分为预防准备、监测预警、响应处置和恢复重建四个阶段。虽然应对不同类别、不同规模的突发事件所需的应急资源的品种、数量等可能不完全一样,但应急资源保障的模式具有一定的规律性。

1. 应急准备系统全面

当前,公路水运工程应急准备已从过去作为应急管理的前置环节,变为支撑预防准备、监测预警、响应处置、恢复重建等应急管理全过程的基础工作。应急管理准备工作包含应急预案的制订、管理、演练、评估,应急救援队伍建设的统一规划、组织、指导、培训,应急救援物资装备的配备、储存、管理,应急救援信息系统建设等多方面内容,应急准备的系统化、专业化逐步凸显,更是减少重大突发公共卫生事件、社会安全事件对公路水运工程影响的重要环节。

2. 应急响应统筹协同

公路水运工程生产安全事故应急响应涉及应急、公安、气象、国土、环保等多部门,由于工程项目特点,还会涉及跨省份、跨区域的应急协作,要求建立横向覆盖、纵向贯穿的应急响应联动机制,破除行业"数据壁垒",交通运输行业与其他相关行业管理部门、各级交通运输管理部门之间应急响应的协同性需求日益迫切。

3. 应急处置科学规范

应急处置是公路水运工程应急管理的关键环节,面对复杂多变的事故现场与险情,高效科学的应急处置对于减轻事故后果、降低灾害损失具有重要的指导意义。应急处置的科学性具体体现在应急装备配备的标准化、应急救援队伍能力的专业化、应急指挥协调的规范化、应急救援技术的现代化等方面,事故救援的紧迫性要求更加规范科学的应急处置。

4. 应急资源开放共享

公路水运工程具有线长、面广、分散性强的实际特点,应急管理工作应有效推动实现社会化应急资源的共享,需要明确工程建设项目与社会企业资源、公路运营应急储备资源间的应急资源共享联动机制以及储备方式、调配路径等主要问题,确保工程项目生产安全事故发生时各方资源被充分调动,公路水运工程生产安全事故应急救援的特点决定了应急资源共享的开放性与社会性。

5. 应急保障规范有效

现阶段行业公路水运工程应急保障整体水平仍需提高,公路水运工程应急管理体系及应急管理能力现代化建设需要进一步规范应急保障体系，加强通信与信息保障、专家库与救援队伍保障、技术方案与物资装备保障、应急经费保障、交通运输保障、医疗与后勤保障等内容，应急保障的规范性逐步显现。

五、健全应急管理体系工作思考与建议

公路水运工程应急管理体系建设应分阶段、分对象、持续性开展，针对当前公路水运工程应急管理体系建设中存在的主要问题，以《交通强国建设纲要》中"强化交通应急救援能力"相关要求为指导，坚持聚焦重点、分步实施的原则，从行业和企业两个层面，分阶段加强应急管理体系建设，促进公路水运工程应急管理体系和能力现代化。

（一）近期工作建议（"十四五"期间）

基于当前公路水运工程应急管理体系建设现状与发展趋势，"十四五"期间着力解决制约行业应急管理体系高质量发展的瓶颈问题。

1. 行业加强应急管理工作建议

1）完善行业应急管理体系顶层设计

加强公路水运工程应急管理需要健全以"一案三制"（应急预案与应急管理体制、机制、法制）为核心的应急管理体系建设。

（1）推动行业应急管理体制全面深化改革

坚持厘清权责与加强统筹并重。抓住安全生产综合执法改革机遇，理顺行业应急管理职责，妥善做好质监机构调整后的应急管理工作职责落地、人员配置、经费保障等各项工作，明确应急管理工作各层级的责任主体、工作职责、工作范围和工作程序，确保改革期间应急管理工作不断。推动行业应急管理专业能力配置优化。在当前项目管理权限、质量安全监管责任向基层下沉的形势下，各省份、地区应强化、配齐市县级应急管理机构和人员，避免应急管理人员兼职的情况，发挥好行业部门的专业优势，在有专门应急管理部门的同时保留合适的行业专业部门的应对能力，共同衔接好"防"和"救"的责任链条，确保责任链条无缝对接，形成整体合力，构建集中统一、权威高效的应急管理体制。

（2）不断健全行业应急管理机制

健全前期快速预警响应机制，加强风险研判管控与评估，推行重大风险清单化管理，强化预警信息收集研判分析，精准发布预警，有效覆盖施工各环节，统筹应对各种生产安全事故。完善应急指挥协调和联动共享机制，充分发挥行业专业部门和应急管理等部门之间的联动性，完善应急救援指挥工作方式，推动分级指挥和专业技术指挥相结合的指挥模式，促进交通运输与公安、气象、水利等部门的应急联动，强化部门协同与信息资源共享。构建事故独立调查与评估改进机制，将事故调

查重点推进到关注风险、政策、制度、标准、技术、能力建设等深层次问题，把事后学习的经验教训反馈到事前的风险防范中。

(3)持续完善行业应急管理法制建设

不断完善应急管理规章制度体系，适时修订《公路水运工程安全生产监督管理办法》，研究制定公路水运工程应急管理体系建设指导意见等应急准备、应急响应、应急处置、应急恢复等各阶段前瞻性、基础性、储备性政策制度研究。二是提高行业应急管理的法治化水平，加强公路水运工程安全生产与应急管理监督执法工作，运用法治思维和法治方式提高应急管理的法治化、规范化水平，发挥群众观点和群众路线，充分调动各方面力量，坚持多元共治。完善公路水运工程应急管理标准体系，从预防准备、监测预警、响应处置、恢复重建等环节加强公路水运工程应急管理全过程的标准供给，加快推进基础与技术标准编制，健全标准实施跟踪评价机制。

(4)优化行业应急预案体系管理

以问题为导向，促进国家级、地方级、项目级应急预案间互相协调衔接。针对项目级应急预案，进一步明确各级各类应急预案核心内容要素，强化情景分析与风险评估，加强应急预案演练的实际效果与科学评估。加强应急预案全流程监督管理，进一步规范预案的编制、审批、发布、宣传、培训、演练、应用、评估和修订完善等全过程管理。加强应急预案体系支撑文件研制，推进应急准备、应急响应与处置等相关指导性文件和操作手册编制。编制突发事件应急处置技术方案集，针对公路水运工程生产安全事故等典型突发事件，定期分类汇总、归纳编制应急处置技术方案集，逐步建立行业应急处置技术方案数据库。五是开展突发事件应急案例总结评估，深入开展突发事件应急案例总结分析与定期评估工作，定期组织典型案例交流，完善行业突发事件善后工作机制。

2)健全行业应急物资储备保障体系

建立健全行业应急物资储备保障机制，完善行业公路水运工程应急物资装备的储备、监管、调用和紧急配送体系，采用由省厅组建、部授牌并给予补助的方式，或者采用与公路保通储备基地联合等方式筹建公路水运工程应急物资区域性储备基地，与国家救援队或者志愿者队伍签订服务合同，以政府购买服务的方式健全应急物资装备调用机制，建立与行业应急物资储备相关的部门联席会议制度，进一步明确和落实相关部门应急物资储备工作职责，定期研讨、沟通、交流，研究制定部门之间应急物资互助机制。加强应急物资储存调用的资金保障，鼓励地方建立适当规模的应急物资储备资金，确定并拨付应急物资补偿、补充、完善所需的资金，探索制定和完善应急物资调用补偿相关政策的实施路径。研究不同类型应急物资适合的实物储备、生产能力储备、商业储备、合同储备等分类储存方式，形成多种储备方式的应急物资储备能力。科学规划应急物资储备体系，对各级公路应急养护中心、物资储备库、区域储备中心的选址和布局进行科学严谨的论证，完善行业分级分类分区域的应急运输运力储备匹配体系。健全行业统一的应急物资运输保障政策体系，进一步明确行业与地方应急物资运输管理机构、部门与人员的职责权限，完善行业应急运输通行保障联动机制，探索实施重大突发事件应急物资运输保障装备及人员的行业备案制度，明确应急物资装备的编号、类型、功能与应急通行证要求以及应急人员的编号、工种、从业资格与应急工作证等相关要求。

3）加强行业应急管理人才能力建设

培育一批具备行业技术素养与专业救援能力的人才队伍，从行业实际出发，建议与国家应急救援中心签订合作框架协议，推进行业部门与综合应急管理机构专业救援队伍的联建、联管、联用机制建设，扩充行业专业应急救援队伍力量。同时，制定行业各级各类救援队伍建设标准及管理办法，保障人员、装备、资金等方面的持续稳定投入，推动应急救援队伍标准化建设和运行。优化专业应急救援队伍与救援基地布局，结合我国地形地貌特征和在建工程分布情况，在全国范围内统筹考虑救援基地布局，打造区域专业化救援核心队伍，形成救援力量的垂直体系，满足不同程度的应急救援需要。在一些高风险隧道项目规划设计时，建议考虑利用施工现场、区域中心城市附近的服务区或者收费站，与成熟的隧道救援队伍联合组建救援基地，提前规划救援基地建设用地。

4）提升现场应急救援指挥决策能力

健全应急救援指挥体系，建立健全现场指挥部总指挥制度，明确应急处置中各级应急管理与指挥机构及人员的主体责任，加强领导干部循证决策能力提升，积极组织专家队伍，为及时有效应急决策提供依据，通过案例培训、应急演练等方式不断提高领导干部的研判力、决策力、掌控力、协调力和舆论的引导能力。同时，充分发挥行业基层应急主体的作用，提高事故现场统一、高效的救援指挥能力水平。强化现场“第一响应人”的教育培训，建立一系列应急任务启动标准化流程，做好及时处置和先期处置，提高突发事件应急响应和处置能力。

5）推动应急管理标准化强国试点建设

借助交通强国试点建设，在全国范围内探索开展公路水运工程应急管理标准化试点，选取基础好、经验足、队伍强的省份或公路水运工程项目，针对公路水运工程预防准备、监测预警、响应处置、总结评估等方面开展政策标准、处置技术、资源建设、队伍培养、保障机制、国际交流标准化试点，在“十四五”期间形成一批可复制、可推广的经验成果，在全国范围内形成应急管理能力建设典型示范，为交通强国建设发挥好示范引领作用。

2. 企业加强应急管理工作建议

1）完善企业应急管理制度标准体系

首先，建立健全企业安全风险管理、监测预警、应急响应、救援处置、应急培训、应急演练、应急队伍与物资管理、事故调查总结、善后恢复、经费管理等全链条的应急管理制度体系，覆盖应急管理工作的各阶段、各环节，确保公路水运工程应急管理工作有章可循。其次，以现行应急管理相关国家标准、行业标准为指导，结合企业自身特点制定风险识别及情景构建、应急响应联动、应急物资配备、应急队伍建设、应急培训与演练、事故应急处置、抢险救援、疫情防控等标准规范，完善企业级应急管理标准体系，进一步促进公路水运工程建设项目应急管理标准化建设。

2）深入推进企业双重预防体系建设

严格落实项目建设单位首要管理责任，按照风险分级管控与隐患排查治理双重预防机制的相关要求，组织整个项目的事故预防工作，督促、指导项目其他参建单位按照职责做好各自的预防工作。项目施工单位应结合事故发生规律，有效开展安全风险评估与预控，编制项目风险清单，认真排查各类事故隐患，制定重大事故隐患清单并组织专项治理。借助《公路水运工程项目生产安全事故应急预案编制要求》（JT/T 1405—2022）行业标准发布契机，规范项目综合应急预案、合同段施工专项应急预案、现场处置方案组成的公路水运工程建设项目应急预案体系，提高应急预案的实用性和可操作性。加强项目级应急预案的全生命周期监督管理，尤其针对应急预案的培训、演练与评估，落实应急预案动态管理机制。

3）加强项目应急资源配置规范管理

落实工程建设项目专职应急管理人员和应急救援人员，形成专兼结合的应急队伍，强化救援人员配置、装备配备、日常训练、后勤保障及评估考核，建立与区域其他行业部门及建设项目的快速调动机制，提高队伍综合应急救援能力，培养一批精而专的应急专家人才。加强工程项目对必要的应急救援物资和装备的储备，制定应急物资分类分级、信息代码等技术标准，明确资源类型、数量、分布、路线等内容，逐步实现应急物资的标准化、模块化管理。进一步规范项目应急资金的使用管理，合理设定支出科目，将应急专项资金投入到应急队伍的培训教育、应急演练、应急物资装备配置以及应急技术研发等方面。

4）加强现场前期处置与响应协调联动

提高建设项目参建单位生产安全事故前期处置能力，进一步理顺应急响应与处置流程，明确建设单位、施工单位针对生产安全事故的信息报送、先期处置、应急响应、协调联动、善后恢复等环节的具体工作,避免应急响应责任规避现象。科学有效组织应急救援,动员作业人员参与救援,保障物资设备迅速调配到位,在专业救援队伍到达前合理组织好先期处置和自救工作。与邻近专业救援力量建立联动机制,在事故发生后快速整合各方救援力量与救援装备。

5)推动企业应急教育培训体系标准化

规范企业应急培训计划与内容,将应急救援与施工安全培训相结合,建立应急管理人员与救援人员培训考核机制,强化对应急管理人员管理制度与标准的培训以及对施工人员的应急管理常识性教育。加强企业生产安全事故案例警示教育,做好企业级应急案例收集与分析,形成企业应急处置救援案例集,对事故发生原因、处置措施、救援经验等进行深度技术分析,总结应急救援经验,研究提出改进措施与企业标准制修订建议。健全企业应急管理教育培训合作交流机制,加强企业培训组织与实施机构之间的互动,积极与专业应急救援队伍开展联合演练培训合作。

(二)远期工作建议(至2035年)

进一步转变公路水运工程应急管理体系和能力建设的战略定位与思维模式,推动从过去的预案制、中心化战略定位的应急管理思维向情境化、多元参与的应急治理思维有效转变。促进行业应急管理在复杂的环境下向网络型管理体系转变,向依靠新技术、新工具的管理方式转变,向以信息为中心强化协作方式转变,向外化赋权使能型转变,全面加强应急管理体系和能力现代化建设。

1. 行业加强应急管理工作建议

1)完善行业应急管理治理体系

建立完善的行业与地方有机互动的权责体系,形成行业统筹指导和地方灵活应对的突发事件有效应对路径,提升应急响应与处置能力水平。形成部省衔接、互相协调的行业应急管理政策制度体系,完善应急预防、应急准备、应急响应、应急处置等应急管理各阶段政策制度,健全理论层面的顶层设计,激发制度创新的内生动力。持续完善应急管理标准体系,加强关键技术标准供给与标准的实施监督,鼓励采用国际先进标准,健全标准实施跟踪评价机制。加强公路水运工程安全生产与应急管理监督执法工作,运用法治思维和法治方式提高应急管理的法治化、规范化水平,发挥群众力量,坚持多元共治。

2)推动行业风险治理效能提升

要坚持以防为主、防抗救相结合,把重点从事件应对转到风险防范,不断完善风险研判机制、决策风险评估机制、风险防控协同机制、风险防控责任机制,健全行业风险治理体系。充分发挥现代科技手段在风险治理体系事中事后监管中的作用,依托互联网、大数据、物联网、云计算、人工智能、区块链等新技术推动安全监管创新,完善行业重大风险、隐患管控"一张图、一张表"管理模式,加强施工安全风险评估、监测、研判、预警和处置工作,切实转变监管方式,提升监管效能,提高防范和处置突发事件、灾害的能力。

3)推动区域应急管理协同发展

探索京津冀、长三角一体化等区域公路水运工程应急管理协同发展措施,研究推进信息互通、工作互联、资源共享、成果共建的重点合作项目,构建部门信息高效共享互通的网格化体系,推进应急救援协调、预案管理联动和应急救援联合演练。强化政府与社会之间、行业与区域之间、地方与项目之间的协同准备,建立以能力为基础的行业应急准备模式,制定重大突发事件应对情景构建规划,推动行业应急准备能力逐渐提高。

4)加速推进应急技术装备现代化

加快先进应急管理技术装备的研发与储备,不断加大行业应急科技研发投入,持续加强公路水运工程前沿基础研究和关键技术研发,重点加强监测预警装备、应急处置与救援装备等两大类技术的研发应用。推动应急管理装备向事前预防与事中处置两个方向均衡发展,注重风险识别预警,提升应急管理装备智能化与信息化水平。完善行业各级应急物资储备数据信息管理系统,加强储备物资数据库管理,促进各地区和行业间信息、队伍、装备、物资等方面的有机整合,避免重复建设。

5)引领促进行业应急产业发展

推动行业应急科技资源和信息资源开放共享,实现应急服务、技术和产品与市场需求更好对接,定期发布行业鼓励推广应急科技产品清单与应用案例,形成行业先进应急技术装备储备库。引进更多国外先进应急产业创新成果并实现产业化,促进国际先进技术和理念的引进、消化、吸收、再创新,推动经济转型升级。畅通先进技术和理念转化为标准的渠道,积极利用优势技术参与国际标准的制定,加强应急管理国际交流合作,提升国际影响力。

2. 企业加强应急管理工作建议

1)推动风险预控能力持续提升

持续推动企业健全应急管理制度标准体系,促进双重预防体系与企业现有管理体系深度融合,激发企业促进安全与应急管理水平提升的内生动力,实现企业主动加强安全管理与自主开展风险管控转变。建立与行业配套的协作体系,完善企业力量参与自然灾害、生产安全事故等突发事件应对的协同机制,建立起灾前、灾中、灾后针对人员、物资、资金等的统筹协调体系,激活企业与社会力量的多元参与。

2)促进企业应急资源配置优化

探索区域应急资源合作共享机制,促进资源整合统筹,优化企业应急资源储备布局,建立并完善企业级、项目级应急资源数据库,完善应急物资装备调配路径,加强纵向、横向间应急资源的统筹。创新企业应急资源信息化建设工作模式,建立企业应急信息化管理平台,主动与属地交通应急信息化管理系统对接,推动应急监测、信息收集、资源调度、指挥联动信息化建设。充分动员社会力量,将社会储备信息纳入行业和国家应急物资保障数据平台。

3)完善企业应急救援技术储备

提升企业应急处置与救援效率,进一步理顺现场前期应急处置与救援的响应机制,以“情景-应对”方式不断完善企业应急处置与救援技术方案体系,健全企业应对各类突发事件的技术储备库。结合物联网、互联网、大数据、云计算等技术创新,发展轻量化、高机动性、可组合化救援的应急装备,鼓励采用无人机、现场指挥调度应急平台等技术手段加强事故的辅助处置能力,推广无人机灯具、遥控救生圈、消防机器人等先进应急救援设备,推动前沿技术进一步融入应急处置能力建设,提升现场处置效率。

4)加强企业应急技术科技创新

制定企业应急管理信息化发展规划,明确应急管理信息化工作重点任务与实施路径,分步实施,统筹推动,进一步支撑行业应急管理信息化建设。加强企业应急管理重点环节的科技攻关,联合行业、地方相关单位、科研机构,共同开展针对监测预警、应急处置、资源调配等方面的关键技术研究,实现重点领域突破,通过科技攻关补齐行业应急管理短板。促进先进科技研发成果的标准转化,进一步固化先进理念与典型经验,推动公路水运工程应急管理标准化建设。

5)推进企业基层基础能力提高

加强基层应急能力标准化建设,强化企业应急管理培训基地建设,促进应急教育常态化,积极开展对外交流与合作,不断健全企业安全生产与应急管理培训考核体系。加强企业应急管理文化建设,将安全文化建设作为构建安全生产长效机制的有效手段,组织开展各种群众性主题宣传教育活动,推动企业应急管理进项目、进班组,提高企业职工素质和安全管理水平。

附件3　公路水运工程项目生产安全事故应急预案编制智能辅助系统

交通运输部科学研究院标准与计量研究中心标准编制组与南京飞搏智能交通技术有限公司开发了公路水运工程项目生产安全事故应急预案编制智能辅助系统(yabx. zhinengjianshe. com),现将系统介绍如下。

一、系统登录

使用用户名和密码登录系统,见附图1。

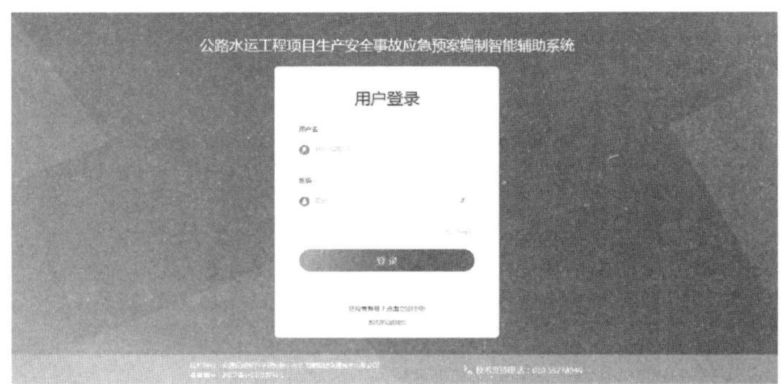

附图1　系统登录

二、预案编写

可通过点击【编写】按钮选择对应的预案模板创建预案,见附图2。

附图2　预案创建

用户可根据编制需要,选择不同的类型预案模板,包括项目综合应急预案、合同段施工专项应急预案和现场处置方案(含应急处置卡),见附图3。

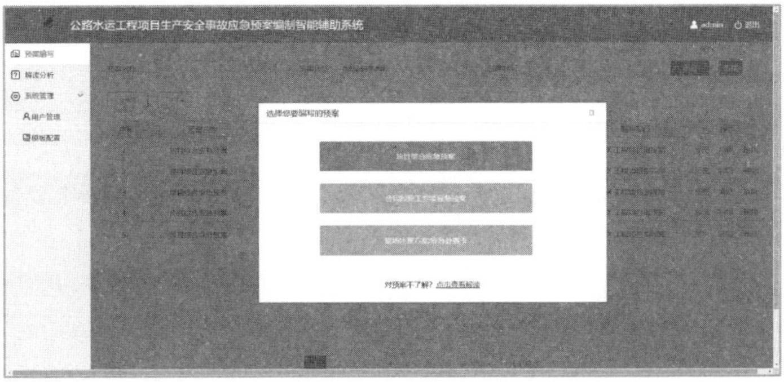

附图3　预案类型选择

用户可通过填写预案封面的关键信息，自动生成并预览符合格式要求的预案封面，见附图4。

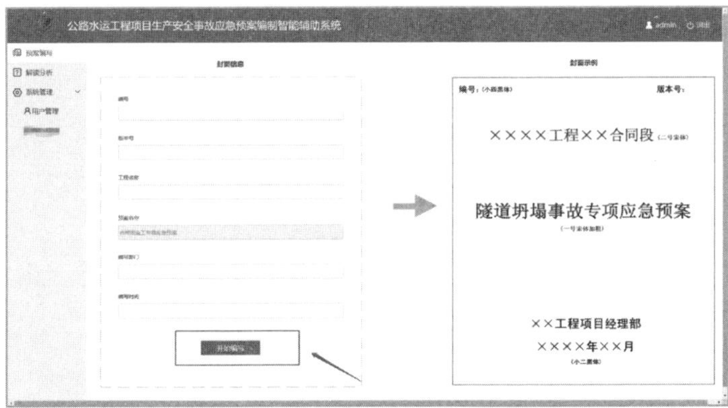

附图4　预案封面编写

正式进入预案编写界面后，可根据不同模块的编写提示及示例进行预案内容的编写，见附图5。

附图5　预案内容编写

三、预案解读

系统中设置了“解读分析”模块，供用户了解不同预案类型的区别，帮助其选择合适的预案模板，见附图6。

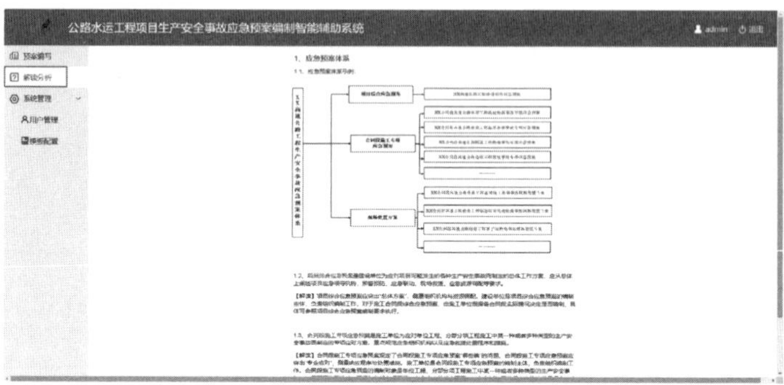

附图6　预案体系及类型解读

参 考 文 献

［1］中华人民共和国国家标准. 生产经营单位生产安全事故应急预案编制导则:GB/T 29639—2020［S］. 北京:中国标准出版社,2020.

［2］中华人民共和国行业标准. 生产安全事故应急演练基本规范:AQ/T 9007—2019［S］. 北京:应急管理出版社,2019.

［3］中华人民共和国行业标准. 生产经营单位生产安全事故应急预案评估指南:AQ/T 9011—2019［S］. 北京:应急管理出版社,2019.

［4］中华人民共和国行业标准. 公路水运工程施工安全风险评估指南:JT/T 1375—2022［S］. 北京:人民交通出版社股份有限公司,2022.

［5］中华人民共和国国家标准. 企业职工伤亡事故分类标准:GB 6441—1986［S］. 北京:中国标准出版社,1986.

［6］中华人民共和国国家标准. 风险管理 术语:GB/T 23694—2013［S］. 北京:中国标准出版社,2014.

［7］中华人民共和国国家标准. 特种设备事故应急预案编制导则:GB/T 33942—2017［S］. 北京:中国标准出版社,2017.

［8］中华人民共和国行业标准. 生产安全事故应急演练评估规范:AQ/T 9009—2019［S］. 北京:应急管理出版社,2019.

［9］中华人民共和国行业标准. 危险货物道路运输企业运输事故应急预案编制要求:JT/T 911—2014［S］. 北京:人民交通出版社股份有限公司,2014.

［10］中华人民共和国行业标准. 公路工程施工安全技术规范:JTG F90—2015［S］. 北京:人民交通出版社股份有限公司,2015.

［11］中华人民共和国行业标准. 水运工程施工安全防护技术规范:JTS 205-1—2008［S］. 北京:人民交通出版社股份有限公司,2008.